pollo

COCINA DÍA A DÍA

Higiene en la Cocina	2
Nutrición	4
Pollo con Hinojo y Arroz al Limón	6
Pollo en Cerveza Dorado	8
Pollo Horneado en Corteza de Sal	10
Alambre de Pollo Picante con Taboule de Mango	12
Pollo a la Sartén con Especies de Tailandia	14
Pollo Sauvignon y Pastel de Hongos con Filo	16
Pollo Rostizado al Chile	18
Curry Aromático de Pollo	20
Hamburguesas de Pollo con Queso	22
Pollo Cacciatore	24
Pollo con Risotto de Verduras de Verano	26
Pato en Salsa de Frijol Negro	28
Pollito Glaseado Estilo Chino con Arroz Bicolor	30
Pollo Asado con Berenjenas	32
Pato Salteado con Nueces de la India	34
Pollo Salteado al Limón	36
Salteado de Pavo y Verduras	38
Piernas de Pato Crujientes con Crepas Chinas	40
Codornices Chinas Tipo Barbecue con Berenjenas	42
Pollo Asado Estilo Chino con Tres Salsas	44
Pollo Asado a la Naranja	46
Alitas de Pollo Horneadas Estilo Tai	48
Pollo Asado a las Especias con Chutney de Tomate y Chalote	50
Pato Sellado con Ciruelas en Conserva	52
Omelette Relleno Estilo Tai	54
Pollo al Curry Rojo	56
Pavo al Curry Verde	58
Pollo Tai con Chile y Cacahuates	60
Pavo Salteado Estilo Tai	62
Pato Agri-Picante	64
Arroz Frito con Pollo Tai	66
Pollo Asado al Azafrán con Cebollas Crujientes	68
Faisán con Hongos Portobello y Salsa de Vino Tinto	70
Pollitos Deshuesados con Mantequilla de Ajo y Salvia	72
Pollo Cacciatore	74
Pollo al Limón con Papas, Romero y Aceitunas	76
Pollo con Hongos Porcini y Crema	78
Pollo al Limón con Albahaca y Linguini	80
Hígado de Pollo en Salsa de Tomate con Tagliolini	82
Canelones de Pollo Cremoso	84
Pollo Poché con Salsa Verde y Hierbas	86
Paquetes de Pollo con Pasta y Calabacitas	88
Pollo bajo Ladrillo	90
Pollo con Espárragos y Tagliatelle	92
Faisán Marinado con Polenta a la Parrilla	94

D1400425

HIGIENE EN LA COCINA

Se debe recordar que muchos alimentos pueden tener alguna clase de bacteria. En casi todos los casos, lo peor que puede ocurrir es una caso de gastroenteritis – pero para ciertas categorías de personas esto puede ser mucho más serio. El riesgo se puede reducir o eliminar con buena higiene y cocción correcta.

No compre ni coma comida con fecha de caducidad pasada. Cuando compre alimentos, use los ojos y la nariz. Si nota los alimentos cansados, marchitos, descoloridos y con mal olor no los compre o coma por ningún motivo.

Tome precauciones especiales al preparar carne o pescado crudo. Use una tabla de picar diferente para cada uno. Lave el cuchillo, las tablas y sus manos antes de tocar o cocinar otros alimentos.

Regularmente limpie, deshiele y ordene el refrigerador y el congelador y aproveche para verificar cuanto tiempo se pueden guardar los alimentos en refrigeración.

Evite manejar alimentos si se siente mal del estomago puesto que las bacterias se pueden transmitir al preparar la comida.

Las toallas y secadores se deben cambiar y lavar regularmente. Idóneamente, use toallas desechables y cambie todos los días. Productos más duraderos se deben remojar en lejía y deben ser lavados a máquina con agua hirviendo. Las manos, los útiles de cocina y las superficies de preparación de comida se deben mantener limpios. No permita que sus mascotas se suban a las superficies de trabajo.

COMPRAS

Evite hacer compras a granel, especialmente de productos frescos tales como carnes, aves, pescados, frutas y vegetales. Los alimentos frescos pierden su valor nutricional rápidamente. Comprando un poco a la vez, se disminuyen esas pérdidas y se elimina tener el refrigerador muy lleno lo que incrementa su eficiencia.

Cuando compre alimentos envasados, cómo latas, cremas o yogures, verifique que los empaques estén intactos y sin daños o perforaciones. Las latas no deben tener abolladuras, perforaciones u oxidación. Verifique fechas de expiración aun en conservas y productos secos tales como harina y arroz. Guarde alimentos frescos en el refrigerador lo más pronto posible – no los deje en el coche o la oficina.

Cuando compre productos congelados verifique que los empaques no tengan hielo en el exterior y que los contenidos estén completamente congelados. Asegure que los alimentos congelados estén almacenados en el anaquel apropiado y que la temperatura esté abajo de –18°C/l4°F. Transporte la mercancía a su casa bien empacada y póngala en la hielera lo mas pronto posible.

PREPARACIÓN

Asegure que todas las superficies de trabajo y los utensilios estén limpios y secos. La limpieza bebe tener la más alta prioridad. Se deben usar tablas de picar diferentes para carnes, pescados y vegetales crudos y cocidos. Existen tablas de plástico de diferentes colores lo que hace más fácil su identificación. Aparte, el plástico puede lavarse en la máquina con agua muy caliente. (N.B. Si usa la tabla para pescados, primero lavela en agua fria y después en agua caliente para quitarle el olor.) No olvide que los cuchillos y otros utensilios se deben lavar completamente después de cada uso.

Cuando cocine, tenga especial cuidado de no mezclar alimentos crudos con los cocidos para evitar cualquier contaminación. Vale la pena lavar todas las verduras y frutas aun si se van a cocinar. Esta regla se aplica también a hierbas y ensaladas prelavadas.

No recaliente alimentos más de una vez. Si usa microondas siempre asegure que la comida este bien y completamente caliente. (En teoría la temperatura de los alimentos debe llegar a los 70°C/158°F y debe ser cocida a esa temperatura por tres minutos para matar todas las bacterias)

Todas las aves deben ser completamente descongeladas. Retire del congelador los alimentos a descongelar y póngalos en un recipiente para que recolecte los jugos. Deje los alimentos en el refrigerador hasta que estén completamente derretidos. Un pollo de 1.4 kg/3 lb. tarda de 26 a 30 horas para descongelarse. Para acelerar el proceso, sumerja el pollo en agua fría. Cambie el agua con frecuencia. Cuando al pollo se le puedan mover los huesos y cuando su cavidad esté libre de cristales de hielo se sabe que esta bien deshelado.

Una vez descongelado, retire la envoltura del pollo y sequelo. Ponga el pollo en una olla poco profunda y guárdelo en el refrigerador en el anaquel mas bajo. Se debe cocinar lo mas pronto posible.

Algunos alimentos se pueden cocinar congelados, incluidos muchos alimentos preempacados como sopas, cacerolas y panes. Siga las instrucciones del fabricante si aplican.

Las verduras y las frutas también se pueden cocinar congeladas pero las carnes y los pescados no. La única vez que se puede volver a congelar un alimento es si ya se descongeló y se cocinó. Cuando el alimento esté frío se puede volver a congelar. En estos casos, la comida se puede guardar solamente un mes.

Todas las aves (excepto el pato) deben ser completamente cocidas. Cuando están cocidas sus jugos salen libremente por la parte más gruesa. – la mejor parte para probar es la pierna. Otras carnes, como la carne molida y el puerco deben ser cocidos completamente. Los pescados deben tomar un colorido opaco, su textura debe ser firme y deben romperse fácilmente.

Cuando prepare recalentados asegure que se calienten muy bien y que se hierva cualquier salsa o sopa.

ALMACENAMIENTO
REFRIGERACIÓN Y CONGELACIÓN

L a carne, las aves, los pescados, los productos del mar y los lacteos tienen que ser refrigerados. La temperatura del refrigerador debe de estar entre los 1-5°C/34-41° F. La del congelador no debe pasar de –18°C/-0.4° F.

Para asegurar temperaturas optimas en el refrigerador y congelador, no deje las puertas abiertas mucho tiempo. No sobre llene con productos puesto que esto reduce los flujos de aire y afecta el proceso de enfriamiento.

Cuando se refrigeran alimentos cocidos, deje que enfríen rápida y completamente antes de refrigerar. Alimentos calientes suben la temperatura del refrigerador y pueden dañar a los otros alimentos.

Los alimentos en el refrigerador y en el congelador deben estar cubiertos siempre y los crudos se deben separar de los cocidos. Alimentos cocidos se deben guardar en la parte superior. La carne cruda, los pescados y las aves deben estar en la parte inferior para evitar que sus jugos contaminen el resto de los alimentos. Se recomienda refrigerar los huevos para mantener su frescura y duración.

No se deben guardar alimentos en el congelador por mucho tiempo. Verduras blanqueadas no deben guardarse mas de un mes. Carnes de res, de cordero, de pollo y de puerco se pueden congelar seis meses. Las verduras y frutas en almíbar se pueden guardar hasta por un año. Pescados grasos y el chorizo se guardan tres meses. Productos lacteos duran hasta seis meses, pasteles y pastelería de tres a seis meses.

ALIMENTOS DE ALTO RIESGO

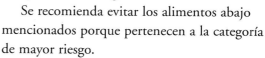

A lgunos alimentos son riesgosos para ciertas personas, como son los de edad avanzada, los enfermos, las mujeres embarazadas, los bebés, los niños pequeños y los que sufren de alguna enfermedad crónica.

Se recomienda evitar los alimentos abajo mencionados porque pertenecen a la categoría de mayor riesgo.

Existe una pequeña posibilidad de que los huevos tengan salmonella. Para evitar este riesgo cocine los huevos hasta que la clara y la yema estén firmes. Tenga especial cuidado con platillos ó productos que contengan huevos crudos o ligeramente cocidos que deben ser eliminados de la dieta. Las salsas, incluyendo la Hollandaise, la mayonesa, los sorbetes, las mousses, los suflés, los merengues, los helados y los platillos con natillas, todos usan huevos crudos o ligeramente cocidos. Todos estos alimentos son considerados de alto riesgo para los grupos arriba mencionados.

Algunas carnes y aves también presentan el posible riesgo de salmonella por lo que deben ser muy bien cocidas hasta que sus jugos corran libremente y hasta que tomen un color rosado. Los productos no pasteurizados, como la leche, los quesos (especialmente quesos suaves), patés, carnes (tanto crudas como cocidas), presentan el riesgo de listeriosis y deben ser evitados.

Cuando compre pescado, hágalo con un proveedor de confianza que tenga mucha rotación de producto para garantizar su frescura. Los pescados deben tener los ojos brillantes y limpios, la piel brillante y las agallas rosadas o

rojas. El pescado se debe sentir duro al tacto y debe de tener un olor suave a mar y a yodo. La carne de filete de pescado debe ser traslucida y sin ningún descoloramiento. Los moluscos, como las almejas, las vieiras y los mejillones se pueden comprar frescos y vivos. Evite los que estén abiertos y los que no cierran al darles un ligero golpe. Igualmente los moluscos univalvos como los berberechos y los caracoles, deben ingresar a sus conchas al ser golpeados. Cuando escoja calamares o pulpos, asegure que la carne este firme y que su olor sea de mar.

Al congelar cualquier producto del mar, pescado o molusco, se debe tener cuidado. Es obligatorio verificar que estos no fueron congelados anteriormente. Si así es no deben volver a congelarse bajo ninguna circunstancia.

NUTRICIÓN
El Papel de los Nutrientes Esenciales

U na dieta sana y bien balanceada es la principal fuente de energía para el cuerpo. Para los niños esta dieta constituye la plataforma sobre la cual se asegura su futura salud aparte de que les da mucha energía. En adultos ésta dieta promueve la auto-curación y la regeneración del cuerpo. Una dieta bien balanceada le proporciona al cuerpo todos los nutrientes que necesita. Como se demuestra en la pirámide abajo, esto se logra comiendo una gran variedad de alimentos.

GRASAS

PROTEÍNAS

leche,	carne, pescado,
yogurt	aves, huevos,
y quesos	nueces y leguminosas

FRUTAS Y VERDURAS

CARBOHIDRATOS DE ALMIDON
cereales, papas, pan, arroz, pasta

GRASAS

L as grasas se presentan en dos formas: saturadas y no saturadas. Es importante mantener un buen balance en esta dieta. Las grasas son parte esencial de la dieta y son fuentes de energía y proveedoras de ácidos grasos esenciales y de vitaminas solubles en grasa. Un equilibrio correcto de grasas aumenta las defensas del cuerpo contra infecciones y mantiene a los músculos, nervios y arterias en buenas condiciones. Las grasas saturadas son de origen animal y cuando se almacenan a temperatura ambiente se vuelven duras. Se encuentran en lácteos, huevos, margarinas y manteca así cómo también en productos fabricados como pasteles y galletas. El consumo alto y por largo tiempo de grasas saturadas incrementa las enfermedades del corazón, los depósitos de colesterol y con frecuencia provoca aumento de peso. El propósito de una dieta sana es mantener bajos los niveles de grasas saturadas que consumimos. Es importante bajar el nivel de grasas saturadas pero esto no quiere decir que es sano consumir muchas grasas de otros tipos.

Existen dos clases de grasas no saturadas: grasas poliinsaturadas y grasas monoinsaturadas. Las grasas poliinsaturadas incluyen los siguientes aceites: cártamo, soya, maíz y ajonjolí. En el grupo de grasas poliinsaturadas están los aceites Omega. Los aceites Omega-3 son de importancia puesto que son particularmente buenos para enfermedades del corazón y para fomentar al crecimiento y desarrollo del cerebro. Los aceites Omega-3 provienen de pescados grasos, como el salmón, el pez sierra, las sardinas y las caballas. Se recomienda comer este tipo de pescado por lo menos una vez a la semana. Los que no comen pescado, porque son vegetarianos o porque no les gusta, pueden usar suplementos de aceite de hígado que se encuentran en supermercados y tiendas naturistas. Se sugiere tomar estos suplementos todos los días. Los más populares aceites altos en grasas monoinsaturadas son los de olivas, de cártamo, y de cacahuates La dieta mediterránea, que se basa en comidas altas en grasas monoinsaturadas, se recomienda para la salud del corazón. También es recomendable para bajar los niveles de lipoproteínas de baja densidad (el colesterol malo).

PROTEÍNAS

L as proteínas, cuya base son los aminoácidos, cumplen una gran variedad de funciones en el cuerpo, incluidos el suministro de energía y la construcción y reparación de los tejidos. Los huevos, la leche, el yogurt, el queso, la carne, el pescado, las aves y las nueces y las legumbres son buenas fuentes de proteínas. (Ver el segundo nivel de la pirámide) Algunos de estos alimentos contienen grasas saturadas por lo que se debe buscar un buen balance nutricional con generosas cantidades de alimentos vegetales proteínicos como son la soya, los frijoles, las lentejas, los chícharos y las nueces.

FRUTAS Y VERDURAS

Las frutas y las verduras no son solamente los alimentos más llamativos visualmente, sino también son extremadamente buenas para nosotros puesto que suministran vitaminas y minerales esenciales para el crecimiento, reparación y protección del cuerpo. Las frutas son bajas en calorías y son las responsables de regular los procesos metabólicos del cuerpo y de controlar la composición de sus fluidos y células.

MINERALES

CALCIO Importante para tener huesos y dientes sanos y para la transmisión nerviosa, la contracción de los músculos, la coagulación de la sangre y las funciones de las hormonas. El calcio promueve un corazón sano, mejora la piel, alivia los dolores de huesos y músculos, corrige el equilibrio ácido-alcalino y reduce los cólicos. Son fuentes buenas de calcio los lácteos, los huesos pequeños de pescados chicos, las nueces, las legumbres, las harinas blancas fortificadas, los panes y las verduras de hojas verdes.

CROMO Es parte del factor de tolerancia a la glucosa y promueve el equilibrio de los niveles de azúcar en la sangre. Ayuda a normalizar el apetito reduciendo antojos. Mejora las expectativas de vida. Protege el ADN y es fundamental para el funcionamiento del corazón. Son buenas fuentes la levadura, el pan integral y de centeno, las ostras, las papas, los pimientos verdes, la mantequilla y las pastinacas.

FIERRO Por ser un componente de la hemoglobina el hierro transporta oxigeno por todo el cuerpo. Es esencial para el crecimiento y para el desarrollo normal. Son buenas fuentes el hígado, la cecina, los cereales fortificados, las legumbres, las yemas de huevo, las verduras de hojas verdes, y el cacao y sus productos.

MAGNESIO Es importante para el buen funcionamiento de las enzimas metabólicas y para el desarrollo del esqueleto. Fomenta músculos sanos al ayudarlos a relajarse y por lo tanto disminuye los cólicos. Tambien es importante para el sistema nervioso y para los músculos del corazón. Son buenas fuentes las nueces, la carne, los cereales, la leche y el yogurt.

FÓSFORO Forma y mantiene los huesos, los dientes y el tejido muscular. Mantiene el pH del cuerpo, fomenta el metabolismo y la producción de energía. Se encuentra en casi todos los alimentos.

POTASIO Permite que los nutrientes penetren en las células al mismo tiempo que expulsa deshechos de las mismas. Fomenta músculos y nervios sanos, mantiene el equilibrio de líquidos en el cuerpo. Ayuda en la secreción de insulina para controlar el azúcar en la sangre y producir energía constantemente.

SELENIO Sus funciones antioxidantes protegen contra radicales libres y carcinógenos. Reduce inflamaciones y estimula al sistema inmunológico en su lucha contra infecciones. Fomenta un corazón sano y promueve la acción de la vitamina E. También es necesario para el sistema reproductivo masculino y para el metabolismo. Son buenas fuentes el atún, el hígado, el riñón, la carne, los huevos, los cereales, las nueces y los productos lácteos.

SODIO Es importante puesto que controla el equilibrio de los líquidos corporales y previene la deshidratación. Contribuye al buen funcionamiento del sistema nervioso y muscular. Ayuda a los nutrientes a penetrar las células. Todos los alimentos son una buena fuente pero las comidas procesadas, las comidas en escabeche y las comidas saladas son las más ricas en este mineral.

ZINC Es importante para el metabolismo y la cicatrización. Ayuda a manejar la tensión nerviosa. Fomenta al sistema nervioso y cerebral, especialmente el del feto. Sostiene la formación de dientes y huesos y es esencial para mantener la energía. Son buenas fuentes el hígado, la carne, las legumbres, los cereales de grano entero, las nueces y las ostras.

VITAMINAS

VITAMINA A Importante para el crecimiento y desarrollo de las células y para la formación de pigmentos en los ojos. La vitamina A se presenta en dos formas: Retinol y beta carotenos. El retinol se encuentra en el hígado, la carne y los productos de carne, en la leche y sus productos. Los beta-carotenos son poderosos antioxidantes y se encuentran en las frutas rojas y amarillas y en verduras como las zanahorias, los mangos y los damascos.

VITAMINA B2 Es importante para liberar la energía de los carbohidratos. Son buenas fuentes la levadura y sus productos, el pan, los cereales para el desayuno fortificados y las papas.

VITAMINA B3 Es necesaria para trasformar los alimentos en energía. Son buenas fuentes la leche y sus productos, los cereales para el desayuno fortificados, las legumbres, la carne, las aves y los huevos.

VITAMINA B5 Importante para el metabolismo de alimentos y para la producción de energía. Todos los alimentos son buenas fuentes, en especial los cereales fortificados, el pan integral y los productos lacteos.

VITAMINA B6 Es importante para el metabolismo de las proteínas y grasas. Es posible que esté relacionada con la producción de hormonas sexuales. Son buenas fuentes las frutas, el hígado, los pescados, el puerco, la soya y los cacahuates.

VITAMINA B12 Es importante para la producción de glóbulos rojos de sangre y para el ADN. Es vital para el crecimiento y para el sistema nervioso. Son buenas fuentes las frutas, las carnes, los pescados, los huevos, las aves y la leche.

BIOTINA Es importante para el metabolismo de ácidos grasos. Son buenas fuentes el hígado, el riñón, los huevos y las nueces. Microorganismos del intestino también fabrican esta vitamina.

VITAMINA C Es importante para cicatrizar heridas y formar el colágeno que mantiene la piel y los huesos sanos. Es un importante antioxidante. Son buenas fuentes las frutas y verduras suaves del verano.

VITAMINA D Es importante para absorber y controlar el calcio que mantiene fuertes los huesos. Son buenas fuentes los pescados grasos, los huevos, la leche y sus productos, la margarina y, por supuesto, el sol, toda vez que esta vitamina se forma en la piel.

VITAMINA E Es importante por ser un antioxidante que protege de daños a las membranas celulares. Son buenas fuentes los aceites vegetales, la margarina, las semillas, las nueces y las verduras verdes.

ÁCIDO FÓLICO Es un elemento critico para el desarrollo del cerebro y del sistema nervioso del feto. Siempre es necesario para el cerebro y el sistema nervioso. Se necesita para usar las proteínas y para la formación de glóbulos rojos.

VITAMINA K Es importante para coagular la sangre. Son buenas fuentes la coliflor, la col de Bruselas, la lechuga, la col, los frijoles, el brócoli, los espárragos, los chícharos, las papas, el aceite de maíz, los tomates y la leche.

CARBOHIDRATOS

Los carbohidratos son fuentes de energía y se presentan en dos formas: Carbohidratos de azúcar y carbohidratos de almidón. Los carbohidratos de almidón se conocen como carbohidratos complejos e incluyen todos los cereales, las papas, los panes, el arroz, y las pastas. (Ver el cuarto nivel de la pirámide.) Alimentarse con una variedad de granos enteros también nos produce una fuente de fibra. Se piensa que dietas altas en fibras ayudan a prevenir cáncer del intestino y mantienen bajo el colesterol. También son buenos para no subir de peso. La fibra es voluminosa por lo que llena el estomago y reduce los antojos. Los carbohidratos de azúcar, conocidos cómo carbohidratos de liberación rápida, (porque le dan al cuerpo una rápida dosis de energía)incluyen el azúcar, y los productos azucarados como las mermeladas y los jarabes. La leche suministra lactosa que es un azúcar de leche y las frutas suministran fructuosa que es un azúcar de fruta.

Pollo con Hinojo y Arroz al Limón

1 Precaliente el horno a 200°C/400°F. Triture las semillas de hinojo ligeramente y mezcle con el orégano, ajo, sal y pimienta. Introduzca la mezcla entre la piel y la carne del pollo sin romper la piel. Acomode las rebanadas de limón sobre el pollo.

2 Corte el hinojo en 8 partes y acomódelo junto con el pollo sobre una charola para hornear. Enaceite el hinojo con un pincel. Hornee el pollo y el hinojo en la parrilla más alta por 10 minutos.

3 Entre tanto, ponga el arroz en un refractario de 2.3 l/ 4 pts. Vierta la cáscara y jugo de limón, el jugo de naranja y el caldo hirviendo. Tape y ponga en la parrilla media del horno.

4 Baje la temperatura a 180°C/350°F y hornee 40 minutos más, volteando el hinojo y limón una vez. Quite las semillas de los tomates, tritúrelos y agréguelos a la charola. Hornee 5–10 minutos. Retire del horno.

5 Cuando enfríe un poco quite la piel y deséchela. Acomode en el plato el arroz y esparza las aceitunas. Decore con tallos de hinojo y rebanadas de naranja.

Consejo del Chef

Verifique que el pollo esté completamente cocinado insertando en su parte más gruesa un alambre. Los jugos deben correr libremente.

INGREDIENTES
Rinde 4 porciones

2 cucharaditas de semilla de hinojo
1 cucharada de orégano recién picado
1 diente de ajo pelado y machacado
sal y pimienta negra recién molida
4 cuartos de pollo de 175 g/6 oz cada uno
½ limón rebanado finamente
1 bulbo de hinojo desbastado
2 cucharaditas de aceite de oliva
4 tomates bola
25 g/1 oz de aceitunas con hueso

PARA DECORAR
tallos de hinojo
rebanadas de naranja

ARROZ AL LIMÓN
225 g/8 oz de arroz de grano largo
corteza de limón finamente rallada y jugo de ½ limón
150 ml/¼ pt de jugo de naranja
450 ml/¾ pt de caldo de pollo o de verduras hirviendo

Pollo en Cerveza Dorado

1 Precaliente el horno a 170°C/325°F. Corte cada pieza de pollo a la mitad. Acomódelas en un refractario junto con las ciruelas pasa y hojas de laurel.

2 Para pelar los echalotes póngalos en un pequeño recipiente con agua hirviendo y cubra.

3 Escurra los echalotes a los 2 minutos y enjuague con agua fría hasta que los pueda tocar. La piel se podrá retirar fácilmente.

4 Caliente el aceite en una sartén grande de teflón. Agregue los echalotes y cocine suavemente 5 minutos hasta que tomen color.

5 Agregue los champiñones y cocine otros 3–4 minutos hasta que ambos estén tiernos.

6 Rocíe el azúcar sobre los echalotes y los champiñones y agregue la mostaza, puré de tomates, cerveza obscura y el caldo de pollo. Salpimente al gusto y hierva, agitando para combinar bien. Cuidadosamente vierta al pollo.

7 Cubra el refractario y hornee una hora en el horno precalentado. Mezcle el almidón de maíz con el jugo de limón y 1 cucharada de agua fría y vierta al pollo.

8 Regrese el refractario al horno otros 10 minutos hasta que el pollo esté en su punto y las verduras tiernas.

9 Retire las hojas de laurel y vierta el perejil picado batiendo. Decore el pollo con los tallos de perejil. Sirva con el puré de papas y las verduras.

INGREDIENTES
Rinde 4 porciones

4 piernas y muslos de pollo despellejados
125 g/4 oz de ciruelas pasa sin hueso
2 hojas de laurel
12 echalotes
2 cucharaditas de aceite de oliva
125 g/4 oz de champiñones bola
1 cucharadita de azúcar moreno
½ cucharadita de mostaza de grano entero
2 cucharaditas de puré de tomate
150 ml/¼ pt de cerveza obscura
150 ml/¼ pt de caldo de pollo
sal y pimienta negra recién molida
2 cucharaditas de almidón de maíz
2 cucharaditas de jugo de limón
2 cucharadas de perejil fresco picado
tallos de perejil para decorar

PARA SERVIR
puré de papas
verduras de temporada

Pollo Horneado en Corteza de Sal

1 Precaliente el horno a 170°C/325°F. Retire las menudencias y enjuague el pollo con agua fría si es necesario. Salpimente el interior y agregue la cebolla, el romero, el tomillo y el laurel.

2 Mezcle la mantequilla con el ajo, pimentón y cáscara de limón. Rellene la mezcla entre el pellejo y la carne del pollo empezando por el cuello.

3 Para preparar la corteza de sal, mezcle las sales y harina en un contenedor grande. Haga un hoyo en el centro de la mezcla y vierta 600 ml/1 pt de agua fría y el aceite. Mezcle hasta lograr una masa firme y amase sobre una superficie ligeramente enharinada por 2–3 minutos. Extienda la masa en forma de un círculo de 51 cm/20 in. Coloque el pollo, pechuga abajo, en la mitad del círculo. Ligeramente moje con agua los bordes de la masa y envuelva el pollo. Pellizque los bordes para sellar.

4 Ponga el pollo patas abajo en un refractario y hornee en el horno precalentado 2¾ horas. Retire del horno y descanse 20 minutos.

5 Rompa y deseche la corteza de sal. Despelleje el pollo y decore con hierbas frescas y rebanadas de limón. Sirva de inmediato.

INGREDIENTES
Rinde 4 porciones

1.8 kg/4 lb de pollo listo
  para hornear
sal y pimienta negra
  recién molida
1 cebolla mediana pelada
tallo de romero fresco
tallo de tomillo fresco
1 hoja de laurel
15 g/½ oz de mantequilla
  suavizada
1 diente de ajo pelado
  y machacado
pizca pimentón molido
cáscara de ½ limón rallada
  finamente

PARA DECORAR:

hierbas frescas
rebanadas de limón

COSTRA DE SAL
900 g/2 lb de harina
450 g/1 lb de sal fina
450 g/1 lb de sal gruesa de mar
2 cucharadas de aceite

Consejo del Chef

Es mejor no comer el pellejo del pollo. Tiene un alto contenido de grasa y absorbe mucha sal de la corteza.

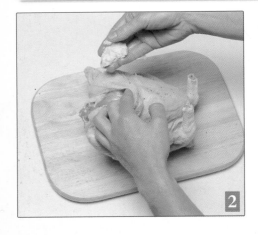

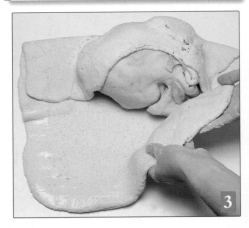

Alambre de Pollo Picante con Taboule de Mango

1 Si usa palillos de madera, mójelos en agua fria 30 minutos. (Esto previene que se quemen)

2 Corte el pollo en rajas de 5 x 1 cm/2 x ½ in y vierta a un platillo poco profundo.

3 Mezcle el yogurt con el ajo, el chile, la cúrcuma y la corteza y jugo de limón. Vierta al pollo y agite para bañarlo. Cubra y deje marinar en el refrigerador hasta por 8 horas.

4 Para preparar el taboule, ponga el trigo partido en un recipiente. Vierta suficiente agua hirviendo para cubrirlo, tape con un plato y deje en remojo 20 minutos.

5 Mezcle el aceite con el jugo de limón en un recipiente. Agregue la cebolla y marine 10 minutos.

6 Escurra el trigo y exprima cualquier exceso de agua con una toalla limpia. Agregue a la cebolla con el mango, pepino y hierbas y salpimente a gusto. Agite para mezclar bien.

7 Ensarte las rajas de pollo en 8 alambres o palillos. Ase 8 minutos debajo del asador. Voltee y unte el marinado hasta que el pollo quede dorado y bien cocido.

8 Con una cuchara vierta el taboule a los platos, acomode los alambres encima y decore con los tallos de menta. Sirva frío o caliente

INGREDIENTES
Rinde 4 porciones

400 g/14 oz de filetes de
  pechuga de pollo
200 ml/7 fl oz de yogurt
  natural lite
1 diente de ajo pelado y machacado
1 chile rojo desvenado y
  picado finamente
½ cucharadita de cúrcuma molida
cáscara rallada finamente y jugo
  de ½ limón
tallos de menta fresca para decorar

TABOULE DE MANGO:
175 g/6 oz de trigo partido
1 cucharadita de aceite de oliva
jugo de ½ limón
½ cebolla morada picada finamente
1 mango maduro, partido en dos,
  deshuesado y machacado
¼ pepino cortado en cubos finos
2 cucharadas de perejil recién picado
2 cucharadas de menta
  recién rallada
sal y pimienta negra recién
  molida finamente

Pollo a la Sartén con Especies de Tailandia

1 Vierta a un recipiente el limón rallado o las hojas de kaffir raspadas y el jengibre. Vierta el caldo de pollo. Deje macerar 30 minutos.

2 Entre tanto corte cada pechuga en dos. Caliente el aceite en una sartén de teflón y dore el pollo 2–3 minutos cada lado.

3 Cuele la infusión de caldo de pollo sobre la sartén. Tape la sartén a la mitad y cocine a fuego lento 10 minutos.

4 Agregue el agua de coco, batiendo, con la salsa de pescado y los chiles. Cocine a fuego lento sin tapar por 5–6 minutos hasta que el pollo esté en su punto y la salsa quede un tanto reducida.

5 Mientras tanto, prepare el arroz en agua salada hirviendo según las instrucciones. Escurra el arroz completamente.

6 Agregue batiendo el jugo de limón verde y el cilantro a la salsa. Salpimente a gusto. Sirva el pollo y la salsa sobre una cama de arroz. Decore con gajos de limón verde y cilantro recién picado. Sirva de inmediato.

INGREDIENTES
Rinde 4 porciones

4 hojas de limón kaffir o corteza de ½ limón rallado
1 pieza de 5 cm/2 in de raíz de jengibre, pelada y picada
300 ml/½ pt de caldo de pollo hirviendo
4 pechugas de pollo de 175 g/6 oz
2 cucharaditas de aceite de cacahuates
5 cucharadas de agua de coco
1 cucharada de salsa de pescado
2 chiles rojos, desvenados y picados finamente
225 g/8 oz de arroz tailandés jasmine
1 cucharada jugo de limón verde
3 cucharadas de cilantro recién picado
sal y pimienta negra recién molida

PARA DECORAR:
gajos de limón verde
cilantro recién picado

Hecho Culinario

Hojas de limón kaffir se pueden encontrar en tiendas de productos orientales. Algunos mercados también las tienen en seco. Si usa hojas secas, desmenuce y utilice cómo en el punto 1.

Pollo Sauvignon y Pastel de Hongos con Filo

1 Precaliente el horno 190°C/ 375°F. En una sartén pesada ponga la cebolla y el puerro con 125 ml/4 fl oz del caldo

2 Hierva. Tape y deje a fuego lento 5 minutos. Destape y cocine hasta que estén tiernas las verduras y el caldo evaporado.

3 Corte el pollo en cubos tamaño bocadillo. Agregue a la sartén con el resto del caldo. Cubra y cocine a fuego suave 5 minutos. Agregue los hongos y cocine otros 5 minutos.

4 Mezcle la harina con 4 cucharadas de agua fria. Vierta a la sartén batiendo hasta que espese la salsa.

5 Vierta el estragón a la salsa batiendo y salpimente.

6 Transfiera la mezcla a una pastelera de vidrio de 1.2 l/2 pts y deseche la hoja de laurel.

7 Unte ligeramente una hoja de filo con un poco de aceite.

8 Arrugue ligeramente la hoja de filo y acomode sobre ella el relleno. Continúe igualmente con las otras hojas y espolvoree la última capa con las semillas de ajonjolí.

9 Hornee el pastel en la parrilla mediana del horno 20 minutos hasta que el filo quede dorado y crujiente. Decore con el perejil y sirva de inmediato con las verduras de temporada.

INGREDIENTES
Rinde 4 porciones

1 cebolla pelada y picada
1 puerro desbastado y picado
225 ml/8 fl oz de caldo de pollo
3 pechugas de pollo de 175 g/6 oz
150 ml/¼ pt de vino blanco seco
1 hoja de laurel
175 g/6 oz de champiñones botón
2 cucharadas de harina
1 cucharada de estragón
  recién picado
sal y pimienta negra
  recién molida
tallo de perejil fresco para decorar
verduras de temporada
  para servir

COPETE:
75 g/3 oz (5 hojas) de masa filo
1 cucharada de aceite de girasol
1 cucharadita de semillas de
  ajonjolí

Pollo Rostizado al Chile

1 Precaliente el horno 190°C/ 375°F. Rebane los chiles y vierta a la licuadora junto con el comino, la cúrcuma, el ajo, el jengibre, el jugo de limón, el aceite de oliva, el cilantro, la sal, la pimienta y dos cucharadas de agua fria. Licue hasta que se forme una pasta ligeramente grumosa.

2 Reserve 3 cucharadas de la mezcla. Empezando por el cuello, suavemente levante el pellejo para separarlo de la pechuga. Introduzca el resto de la mezcla uniformemente entre el pellejo y la carne de pechuga.

3 Acomode el pollo en una charola para hornear. Mezcle la pasta de chile reservada con la mantequilla derretida. Use una cucharada para untar el pollo uniformemente. Hornee en el horno precalentado 20 minutos.

4 Mientras tanto, corte la calabaza en dos, pele y retire las semillas. Córtela en pedazos grandes y mezcle con el resto de la pasta de chile.

5 Acomode la calabaza alrededor del pollo. Hornee una hora bañando con los jugos del pollo cada 20 minutos hasta que el animal este en su punto y la calabaza tierna. Decore con perejil y cilantro. Sirva con las papas al horno y las verduras.

INGREDIENTES
Rinde 4 porciones

3 chiles rojos frescos desvenados

½ cucharadita de cúrcuma

1 cucharadita de semillas de comino

1 cucharadita de semillas de cilantro

2 dientes de ajo pelados y machacados

1 pieza de 2.5 cm/1 in de raíz de jengibre pelada y picada

1 cucharada de jugo de limón

1 cucharada de aceite de oliva

2 cucharadas de cilantro picado grueso fresco

½ cucharadita de sal

pimienta negra recién molida

1.4 kg/3 lb de pollo limpio y deshuesado

15 g/½ oz de mantequilla sin sal

550 g/1¼ lb de calabaza

perejil fresco y tallos de cilantro para decorar

PARA SERVIR:

4 papas al horno

verduras verdes de la estación

Consejo del Chef

Los chiles varían bastante en cuanto a picante. Una buena guía es que cuanto más pequeños más picosos. Los chiles rojos son más dulces que los verdes.

Curry Aromático de Pollo

1 Escurra las lentejas en un cedazo y enjuague muy bien con agua fría.

2 Fría el cilantro y comino en seco 30 segundos a fuego lento en una olla grande. Mezcle con la pasta de curry.

3 Agregue las lentejas a la olla junto con la hoja de laurel y la cáscara de limón. Vierta el caldo.

4 Agite y suba al hervor. Baje la temperatura, cubra la mitad de la olla con una tapa y caliente a fuego suave 5 minutos, moviendo ocasionalmente.

5 Asegure los muslos con palillos para que no pierdan su forma Coloque los muslos en la olla y tápela a la mitad. Caliente a fuego suave 15 minutos.

6 Agregue batiendo la espinaca y cocine otros 25 minutos hasta que el pollo esté tierno y la salsa espesa.

7 Retire la hoja de laurel y la cáscara de limón. Agregue batiendo el cilantro, el jugo de limón y salpimente a gusto. Sirva de inmediato con el arroz y un poco de yogurt.

INGREDIENTES
Rinde 4 porciones

125 g/4 oz de lentejas rojas
2 cucharaditas de cilantro molido
½ cucharadita de semillas de comino
2 cucharaditas de pasta de curry
1 hoja de laurel
1 pequeña tira de corteza de limón
600 ml/1 pt de caldo de pollo o verduras
8 muslos de pollo despellejados
175 g/6 oz de hojas de espinaca, enjuagadas y desmenuzadas
1 cucharada de cilantro recién picado
2 cucharaditas de jugo de limón
sal y pimienta negra recién molida

PARA SERVIR:
arroz recién preparado
yogurt natural lite

Consejo del Chef

Freír especies en seco suelta el sabor de las mismas muy bien. Ésta técnica se puede usar en muchos platillos. Es particularmente buena para agregar sabor a carnes magras y a pescados. Intente con un poco de agua o aceite para formar una pasta. Unte sobre la carne magra o el pescado antes de hornear para hacer una picosa costra.

Hamburguesas de Pollo con Queso

1 Precaliente la parrilla. Caliente el aceite en una sartén y cocine suavemente el ajo y la cebolla 5 minutos. Agregue el pimiento, desvenado y picado finamente, y cocine 5 minutos. Transfiera a un recipiente y reserve.

2 Pique la carne de pollo fresca, agregue con el yogurt, la costra de pan, las hierbas, el queso Cheddar desmenuzado y salpimente. Mezcle bien.

3 Divida la mezcla en 6 partes y forme las hamburguesas. Cubra y refrigere por lo menos 20 minutos.

4 Para preparar la salsa, ponga todos los ingredientes en una sartén con una cucharada de agua y caliente suavemente, moviendo ocasionalmente hasta que se derrita el azúcar.

5 Cubra y cocine a fuego bajo 2 minutos. Destape y cocine otro minuto hasta que la salsa engruese.

6 Ponga las hamburguesas sobre una charola de asar ligeramente aceitada y ase a fuego medio 8–10 minutos de cada lado hasta que estén dorados y completamente cocidos.

7 Caliente los bollos si desea, córtelos a la mitad y llene con las hamburguesas, la lechuga, los tomates rebanados y la salsa. Sirva de inmediato con las hojas de ensalada.

INGREDIENTES
Rinde 6 porciones

1 cucharada de aceite de girasol
1 cebolla pequeña picada finamente
1 diente de ajo pelado y machacado
½ pimiento rojo desvenado y picado
450 g / 1 lb de carne de pollo
2 cucharadas de yogurt lite
50 g / 2 oz de costra de pan integral
1 cucharada de hierbas recién picadas, p. ej. perejil o estragón
50 g / 2 oz de queso Cheddar
sal y pimienta negra recién molida

PARA LA SALSA DE MAÍZ Y ZANAHORIA:

1 lata de maíz de 200 g drenada
1 zanahoria pelada y rallada
½ chile verde desvenado y picado finamente
2 cucharaditas de vinagre de cidra
2 cucharaditas de azúcar moreno en polvo

PARA SERVIR:

bollos de trigo integral
lechuga
tomates rebanados
hojas mixtas de ensalada verdes

Pollo Cacciatore

1 Despelleje el pollo.

2 Caliente dos cucharaditas de aceite de oliva en una cacerola y cocine el pollo 2–3 minutos de cada lado hasta que esté ligeramente dorado. Retire el pollo de la cacerola y reserve.

3 Agregue a los jugos en la cacerola la tercera cucharadita de aceite.

4 Agregue la cebolla y cocine a fuego suave 5 minutos moviendo ocasionalmente.

5 Agregue el ajo y cocine 5 minutos hasta que esté tierno y ligeramente dorado. Regrese el pollo a la cacerola.

6 Agregue las hierbas y vierta el vino. Deje burbujear 1–2 minutos.

7 Agregue el caldo y los tomates, tape y cocine a fuego suave 15 minutos.

8 Agregue batiendo las aceitunas y alcaparras. Cocine sin tapar otros 5 minutos hasta que el pollo esté en su punto y la salsa espesa. Retire las hierbas y salpimente a gusto.

9 Disponga una pierna y un muslo en cada plato sobre una cama de pasta. Vierta la salsa y sirva.

INGREDIENTES
Rinde 4 porciones

4 muslos y piernas de pollo
1 cucharada de aceite de oliva
1 cebolla roja pelada y cortada
  en gajos muy delgados
1 diente de ajo pelado y
  machacado
1 tallo de tomillo fresco
1 tallo de romero fresco
150 ml/¼ pt de vino
  blanco seco
200 ml/7 fl oz de caldo de pollo
1 lata de 400 g de tomates picados
40 g/1½ oz de aceitunas negras
  sin hueso
15 g/½ oz de alcaparras drenadas
sal y pimienta negra
  recién molida
fetuccini, linguini o conchas de
  pasta recién cocinadas

Consejo del Chef

Si cuida su consumo de grasas saturadas, es esencial despellejar el pollo. Toda la grasa se deposita directamente debajo del pellejo.

Pollo con Risotto de Verduras de Verano

1 Hierva el caldo en una olla grande, desbaste los espárragos y córtelos en pedazos de 4 cm/1½ in de largo.

2 Vierta los espárragos al caldo 1–2 minutos hasta que estén tiernos, retírelos y reserve.

3 Corte los chícharos japoneses por la mitad y cocine en el caldo 4 minutos. Retire y resérvelos. Baje la temperatura a fuego lento.

4 Derrita la mantequilla en una sartén pesada. Agregue la cebolla y cocine a fuego suave más o menos 5 minutos.

5 Vierta el vino a la sartén y hierva rápidamente hasta casi reducir el líquido. Agregue el arroz y cocine moviendo un minuto hasta que los granos estén cubiertos y casi transparentes.

6 Agregue el azafrán y un cucharón de caldo. Cocine a fuego lento moviendo todo el tiempo hasta que se absorba el caldo. Siga añadiendo el caldo, un cucharón a la vez, hasta que se absorba todo.

7 A los 15 minutos el risotto debe estar cremoso y algo punzante. Si no agregue más caldo y cocine unos minutos más hasta que tenga la consistencia y textura correcta.

8 Agregue los chícharos, las verduras reservadas, el pollo y el jugo de limón. Salpimente al gusto y cocine 3–4 minutos hasta que el pollo quede bien caliente.

9 Vierta el risotto a platos precalentados. Rocíe cada plato con queso parmesano y sirva de inmediato.

INGREDIENTES
Rinde 4 porciones

1 l/1¾ pt de caldo de pollo o verduras

225 g/8 oz de puntas de espárragos baby

125 g/4 oz de chícharos japones

15 g/½ oz de mantequilla

1 cebolla pelada y picada finamente

150 ml/¾ pt de vino blanco seco

275 g/10 oz de arroz arborio

pizca estigmas de azafrán

75 g/3 oz de chícharos congelados, descongelados

225 g/8 oz de pollo cocido, despellejado y cortado en cubos

jugo de ½ limón

sal y pimienta negra recién molida

25 g/1 oz de queso parmesano rallado

Pato en Salsa de Frijol Negro

1 Usando un cuchillo filoso, limpie las pechugas de pato, retirando su grasa. Rebane toscamente y coloque en un plato poco profundo. Mezcle la salsa de soya y vino de arroz chino o jerez y vierta sobre el pato. Marine 1 hora en el refrigerador, escurra y deseche la marinada.

2 Pele el jengibre y pique finamente. Pele los dientes de ajo y macháquelos. Corte la raíz de las cebollitas de cambray, deseche las hojas exteriores y pique. Corte finamente los frijoles negros.

3 Caliente un wok o sartén grande para freír, agregue el aceite y, cuando esté muy caliente, añada el jengibre, ajo, cebollitas de cambray y frijoles negros; saltee 30 segundos. Agregue el pato drenado y saltee de 3 a 5 minutos, o hasta dorar.

4 Incorpore el consomé de pollo y hierva. Cuando suelte el hervor, reduzca la temperatura y cocine a fuego lento 5 minutos o hasta que el pato esté cocido y la salsa se reduzca y espese. Retire del calor. Coloque sobre una cama de fideo recién cocido, adorne con hilos de cebollita de cambray y sirva de inmediato.

INGREDIENTES
Rinde 4 porciones

450 g / 1 lb de pechuga de pato, sin piel

1 cucharada de salsa de soya clara

1 cucharada de vino de arroz chino o jerez seco

2.5 cm / 1 in de jengibre fresco

3 dientes de ajo sin piel y machacados

2 cebollitas de cambray

2 cucharadas de frijol negro chino en conserva

1 cucharada de aceite vegetal o de maní

150 ml / ¼ pt de consomé de pollo

cebollitas de cambray ralladas, para adornar

fideo recién cocido, como guarnición

Consejo

La forma de presentar y adornar un platillo es sumamente importante tanto en la cocina china como en la tai. Es fácil hacer hilos finos de vegetales coloridos. Para hacer hilos de cebollitas de cambray, corte prácticamente todo el bulbo blanco y recorte la punta. Divida la parte verde restante a lo largo haciendo hilos finos. Estos pueden rizarse colocándolos unos minutos en agua con hielo.

Pollito Glaseado Estilo Chino con Arroz Bicolor

1 Precaliente el horno a 200°C/400°F durante 15 minutos antes de cocinar. Lave los pollitos por dentro y por fuera. Seque con toallas de papel. Usando unas tijeras, retire todas las plumas. Sazone con sal y pimienta. Reserve.

2 Vierta el jugo de manzana en un cazo pequeño y agregue la varita de canela, anís estrella y polvo chino de cinco especias. Hierva a fuego lento hasta que se reduzca a la mitad. Reduzca el calor, agregue el azúcar, salsa de tomate, vinagre y cáscara de naranja. Hierva a fuego lento hasta que se disuelva el azúcar y el glaseado se caramelice. Retire del fuego y deje enfriar completamente. Retire las especias enteras.

3 Coloque los pollitos sobre una rejilla de alambre colocada encima de un refractario cubierto con papel aluminio. Barnice generosamente con el glaseado de manzana. Ase en el horno caliente de 40 a 45 minutos o hasta que, al picar el muslo con un trinche, el jugo salga claro, bañando una o dos veces con el glaseado. Retire los pollitos del horno y deje enfriar ligeramente.

4 Mientras tanto, cocine el arroz siguiendo las instrucciones del paquete. En una olla grande hierva agua ligeramente salada y agregue el chícharo chino. Blanquee 1 minuto y escurra. Tan pronto se cueza el arroz, escurra y pase a un tazón caliente. Agregue los chícharos chinos y las cebollitas de cambray, sazone al gusto y mezcle. Acomode sobre platos calientes, coloque un pollito en cada uno y sirva de inmediato.

INGREDIENTES
Rinde 4 porciones

4 pollitos (poussins) listos para hornear
sal y pimienta negra recién molida
300 ml/½ pt de jugo de manzana
1 varita de canela
2 anís estrella
½ cucharadita de polvo chino de cinco especias
50 g/2 oz de azúcar moscabado oscuro
2 cucharadas de salsa catsup
1 cucharada de vinagre de sidra
cáscara rallada de 1 naranja
350 g/12 oz de arroz basamanti mixto y arroz salvaje
125 g/4 oz de chícharo chino, finamente rebanadas a lo largo
1 manojo de cebollitas de cambray, limpias y finamente cortadas a lo largo
sal y pimienta negra recién molida

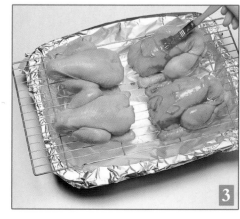

Pollo Asado con Berenjenas

1 Caliente un wok o sartén grande para freír, agregue el aceite y, cuando esté caliente, agregue los muslos de pollo. Cocine sobre temperatura media-alta 5 minutos, o hasta dorar totalmente. Pase a un plato grande y mantenga caliente.

2 Coloque la berenjena en el wok y cocine sobre temperatura alta 5 minutos o hasta dorar, moviendo de vez en cuando. Agregue el ajo y el jengibre y saltee 1 minuto.

3 Vuelva a poner el pollo en el wok, incorpore el consomé y agregue la salsa de soya y frijol negro. Hierva, reduzca la temperatura y cocine a fuego lento 20 minutos o hasta que el pollo esté suave. Agregue las cebollitas de cambray después de 10 minutos.

4 Disuelva la fécula de maíz en 2 cucharadas de agua. Integre al wok y hierva a fuego lento hasta que espese la salsa. Incorpore el aceite de ajonjolí, caliente 30 segundos y retire del calor. Adorne con borlas de cebollitas de cambray y sirva de inmediato con fideo o arroz.

Consejo Sabroso

Para hacer su propio consomé de pollo estilo chino, pique toscamente 1 cebolla, 2 tallos de apio y 2 zanahorias. Coloque en un cazo grande con unos cuantos hongos shiitake y rebanadas de jengibre fresco. Integre 1.4 l/2½ pts de agua fría, hierva a fuego lento cubriendo parcialmente, 30 minutos. Deje enfriar, cuele con una coladera de malla fina y deseche los vegetales. Refrigere.

INGREDIENTES
Rinde 4 porciones

3 cucharadas de aceite vegetal

12 muslos de pollo

2 berenjenas grandes, limpias y partidas en cubos

4 dientes de ajo, sin piel y machacados

2 cucharaditas de jengibre fresco, rallado

900 ml / 1½ pts de consomé vegetal

2 cucharadas de salsa de soya clara

2 cucharadas de frijol negro en conserva

6 cebollitas de cambray, limpias y en rebanadas diagonales delgadas

1 cucharada de fécula de maíz

1 cucharada de aceite de ajonjolí

borlas de cebollitas de cambray, para adornar

fideo o arroz recién cocido, como guarnición

Pato Salteado con Nueces de la India

1 Limpie las pechugas de pato, desechando la grasa y rebane toscamente. Caliente el wok, agregue 2 cucharadas del aceite y, cuando esté caliente, agregue las pechugas de pato rebanadas. Cocine de 3 a 4 minutos o hasta sellar. Usando una cuchara perforada, retire del wok y deje escurrir sobre toallas de papel.

2 Limpie el wok y regrese al fuego. Agregue el aceite restante y, cuando esté caliente, agregue el ajo y el jengibre. Saltee 30 segundos, agregue la zanahoria y los chícharos chinos. Fría 2 minutos más, incorpore el vino de arroz chino o jerez y salsa de soya.

3 Disuelva la fécula de maíz en 1 cucharadita de agua y agregue al wok. Mezcle y hierva. Vuelva a poner las rebanadas de pato en el wok y hierva a fuego lento 5 minutos, o hasta que la carne y los vegetales estén suaves. Agregue las nueces de la india y retire el wok del calor.

4 Adorne con las cebollitas de cambray picadas y rebanadas. Sirva de inmediato con arroz hervido o cocido al vapor.

INGREDIENTES
Rinde 4 porciones

450 g/1 lb de pechuga de pato, deshuesada y sin piel

3 cucharadas de aceite de maní

1 diente de ajo, picado

1 cucharadita de jengibre fresco, pelado y recién rallado

1 zanahoria pelada y rebanada

125 g/4 oz de chícharo chino

2 cucharaditas de vino de arroz chino o jerez seco

1 cucharada de salsa de soya clara

1 cucharadita de fécula de maíz

50 g/2 oz de nueces de la india sin sal, asadas

1 cebollita de cambray, picada

1 cebollita de cambray, rallada

arroz hervido o al vapor, como guarnición

Consejo

El chícharo chino actualmente se puede encontrar durante todo el año. Busque las pequeñas vainitas de color verde brillante que contienen chícharos planos apenas formados y no las que tienen bolas grandes. Refrigérelas menos de 2 días antes de usarlas, para maximizar su fresco sabor dulce. Al prepararlas, retire las orillas, jalando todas las hebras entre ellas. Ase en seco las nueces de la india en el wok antes de empezar a sellar las pechugas de pato. Asegúrese de que no se quemen.

Pollo Salteado al Limón

1 Usando un cuchillo filoso, limpie el pollo, desechando la grasa y cortando en tiras delgadas de aproximadamente 5 cm/2 in de largo y 1 cm/½ in de grueso. Coloque en un plato poco profundo. Bata ligeramente la clara de huevo con 1 cucharada de fécula de maíz hasta disolver. Vierta sobre las tiras de pollo y mezcle para cubrir uniformemente. Deje marinar en el refrigerador por lo menos 20 minutos.

2 Cuando esté listo para cocinarlo, escurra el pollo y reserve. Caliente un wok o sartén grande para freír, agregue el aceite y, cuando esté caliente, agregue el pollo y saltee de 1 a 2 minutos, o hasta que el pollo se torne

blanco. Usando una cuchara perforada, retire del wok y reserve.

3 Limpie el wok y vuelva a calentar. Agregue el consomé de pollo, jugo de limón, salsa de soya, vino de arroz chino o jerez, azúcar, ajo y hojuelas de chile; hierva. Mezcle la fécula de maíz restante con 1 cucharada de agua e integre el consomé. Cocine a fuego lento 1 minuto.

4 Vuelva a poner el pollo en el wok y continúe hirviendo a fuego lento de 2 a 3 minutos, o hasta que el pollo esté suave y la salsa haya espesado. Adorne con tiras de limón y rebanadas de chile rojo. Sirva de inmediato.

INGREDIENTES
Rinde 4 porciones

350 g/12 oz de pechuga de pollo
  sin hueso ni piel
1 clara de huevo grande
5 cucharaditas de fécula de maíz
3 cucharadas de aceite vegetal
  o de maní
150 ml/¼ pt de consomé de pollo
2 cucharadas de jugo de limón fresco
2 cucharadas de salsa de soya clara
1 cucharada de vino de arroz
  chino o jerez seco
1 cucharada de azúcar
2 dientes de ajo, sin piel
  y finamente picados
¼ cucharadita de hojuelas de chile
  seco, o al gusto

PARA ADORNAR:
tiras de cáscara de limón
rebanadas de chile rojo

Dato Culinario

Las hojuelas de chile son chiles rojos secos y machacados que se usan mucho en algunas zonas de China, donde se pueden ver tiras largas de chiles rojos secándose al sol.

Salteado de Pavo y Verduras

1 Rebane o pique los vegetales en trozos pequeños, dependiendo cuales vaya a usar. Parta los elotes miniatura en mitades a lo largo, retire las semillas del pimiento rojo y rebane finamente, desmenuce o ralle el pak choi, rebane los hongos, separe el brócoli en flores y corte las zanahorias en juliana. Retire las semillas del chile y pique finamente.

2 Caliente un wok o sartén grande para freír, agregue el aceite y, cuando esté caliente, añada la pechuga de pavo, sin hueso ni piel, rebanada en tiras delgadas en contra de la veta y saltee 1 minuto o hasta que se tornen blancas. Agregue el ajo, jengibre, cebollitas de cambray y chile. Cocine unos cuantos segundos.

3 Agregue la zanahoria, pimiento, brócoli y hongos preparados. Saltee 1 minuto. Agregue los elotes miniatura y pak choi; fría 1 minuto.

4 Mezcle la salsa de soya, vino de arroz chino o jerez, consomé o agua y vierta sobre los vegetales. Disuelva la fécula de maíz en 1 cucharadita de agua e incorpore a los vegetales hasta integrar. Hierva y cuando suelte el hervor, reduzca la temperatura y cocine a fuego lento 1 minuto. Agregue el aceite de ajonjolí. Coloque la mezcla en un platón caliente, adorne con las nueces de la india, cebollitas de cambray finamente picadas y germinados de frijol. Sirva de inmediato con fideo o arroz.

Dato Culinario

Los germinados de frijol vienen del frijol mongo.

INGREDIENTES
Rinde 4 porciones

350 g/12 oz de vegetales mixtos: elotes miniatura, 1 pimiento rojo pequeño, pak choi, hongos, flores de brócoli y zanahorias cambray

1 chile rojo

2 cucharadas de aceite de maní

350 g/12 oz de pechuga de pavo

2 dientes de ajo, finamente picados

2.5 cm/1 in de jengibre fresco, pelado y finamente rallado

3 cebollitas de cambray, limpias y finamente rebanadas

2 cucharadas de salsa de soya clara

1 cucharada de vino de arroz chino o jerez seco

2 cucharadas de consomé de pollo o agua

1 cucharadita de fécula de maíz

1 cucharadita de aceite de ajonjolí

fideo o arroz recién cocido, como guarnición

PARA ADORNAR:

50 g/2 oz de nueces de la india, tostadas

2 cebollitas de cambray

25 g/1 oz de germinado de frijol

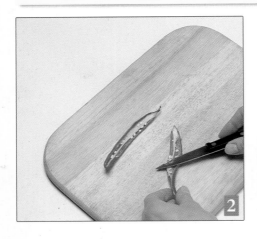

Piernas de Pato Crujientes con Crepas Chinas

1 Precaliente el horno a 220°C/425°F durante 15 minutos antes de cocinar. Deseche los huesos de las ciruelas y coloque en un cazo con la mantequilla, anís estrella, jengibre, azúcar morena clara, cáscara y jugo de naranja. Sazone al gusto con pimienta. Cocine sobre calor suave hasta disolver el azúcar. Hierva, reduzca la temperatura y cocine a fuego lento 15 minutos, moviendo ocasionalmente hasta que las ciruelas estén suaves y la mezcla espese. Retire el anís estrella. Deje enfriar.

2 Usando un tenedor, pique las piernas de pato por todos lados. Coloque en un tazón grande y cubra con agua hirviendo para retirar un poco de su grasa. Escurra, seque con toallas de papel y deje reposar hasta que se enfríen.

3 Mezcle la salsa de soya, azúcar morena oscura y ½ cucharadita de sal. Frote esta mezcla generosamente sobre las patas de pato. Pase a una rejilla de alambre colocada sobre un refractario de metal y ase en el horno precalentado de 30 a 40 minutos, o hasta tostar por completo y que la piel esté dorada y crujiente. Retire del horno y deje reposar 10 minutos.

4 Deshebre la carne de pato usando un tenedor para detener la pierna caliente y otro para retirar la carne. Pase a un platón caliente con el pepino y cebollitas de cambray. Sirva de inmediato con la jalea de ciruelas y crepas calientes.

INGREDIENTES
Rinde 6 porciones

900 g/2 lb de ciruelas, en mitades
25 g/1 oz de mantequilla
2 anís estrella
1 cucharadita de jengibre fresco, pelado y recién rallado
50 g/2 oz de azúcar morena clara
cáscara rallada y jugo de 1 naranja
sal y pimienta negra recién molida
4 piernas de pato
3 cucharadas de salsa de soya oscura
2 cucharadas de azúcar morena oscura
½ pepino, cortado en juliana
1 manojo pequeño de cebollitas de cambray, limpias y picadas
18 crepas chinas, calientes

Dato Culinario

Caliente las crepas, apiladas y cubiertas con papel aluminio, sobre un plato dentro de una vaporera, o meta al horno durante 15 minutos después de haber sacado el pato y apagado el horno.

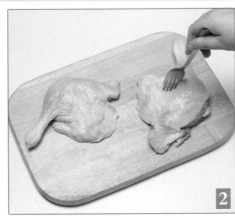

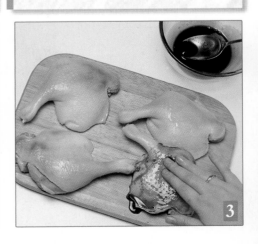

Codornices Chinas Tipo Barbecue con Berenjenas

1 Precaliente el horno a 240°C/475°F. Frote las codornices por dentro y por fuera con 1 cucharada de la sal. Mezcle la salsa hoisin, vino de arroz chino o jerez y salsa de soya clara. Frote las codornices tanto en el interior como en el exterior con la salsa. Pase a un refractario de metal pequeño para asar y ase en el horno precalentado 5 minutos. Reduzca la temperatura a 180°C/350°F y continúe asando 20 minutos. Apague el horno y deje las codornices 5 minutos, retire y deje reposar 10 minutos.

2 Coloque la berenjena en un colador y espolvoree con la sal restante. Deje escurrir 20 minutos, enjuague bajo el chorro de agua y seque con toallas de papel.

3 Caliente un wok o sartén grande para freír sobre calor moderado. Agregue el aceite y, cuando esté caliente, añada las berenjenas, ajo, jengibre y 4 de las cebollitas de cambray. Cocine 1 minuto. Agregue la salsa de soya oscura, hojuelas de chile, salsa de frijol amarillo, azúcar y 450 ml/¾ pt de agua. Hierva, reduzca la temperatura y cocine a fuego lento, sin tapar, de 10 a 15 minutos.

4 Eleve a temperatura alta y continúe cociendo, moviendo de vez en cuando, hasta reducir y espesar ligeramente la salsa. Ponga cucharadas de la mezcla de berenjena sobre platos individuales calientes y cubra con una codorniz. Adorne con la cebollita de cambray restante, chile fresco y una rama de cilantro. Sirva de inmediato.

INGREDIENTES
Rinde 6 porciones

4 codornices

2 cucharadas de sal

3 cucharadas de salsa hoisin

1 cucharada de vino de arroz chino o jerez seco

1 cucharada de salsa de soya clara

700 g/1½ lb de berenjenas, limpias y partidas en cubos

1 cucharada de aceite

4 dientes de ajo, sin piel y finamente picados

1 cucharada de jengibre fresco, sin piel y recién picado

6 cebollitas de cambray, limpias y finamente picadas

3 cucharadas de salsa de soya oscura

¼ cucharadita de hojuelas de chile seco

1 cucharada de salsa de frijol amarillo

1 cucharada de azúcar

PARA ADORNAR:
ramas de cilantro fresco
chile rojo rebanado

Pollo Asado Estilo Chino con Tres Salsas

1 Retire la grasa del interior del pollo, frote por dentro y por fuera con ½ cucharadita de sal y deje reposar 20 minutos. En una olla, coloque 3.4 l/6 pts de agua con 2 cebollitas de cambray y el jengibre. Hierva. Agregue el pollo poniendo la pechuga hacia abajo. Vuelva a hervir, tape y cocine a fuego lento 20 minutos. Retire del calor y deje reposar 1 hora. Retire el pollo y deje enfriar.

2 En una sartén antiadherente, fría los granos de pimienta Szechuan en seco, hasta que aromaticen y se doren ligeramente. Machaque, mezcle con la sal de mar y reserve.

3 Exprima el jugo de la mitad del jengibre, mezcle con la salsa de soya oscura, 1 cucharada del aceite de girasol y la mitad del azúcar. Reserve.

4 Pique finamente las cebollitas de cambray restantes y mezcle en un tazón con el ajo y jengibre restante. Caliente el aceite restante a humear y fría el ajo y el jengibre. Cuando deje de sisear, integre la salsa de soya clara, vino de arroz chino o jerez y aceite de ajonjolí. Reserve.

5 Integre el vinagre de arroz, azúcar restante y chile. Mezcle hasta disolver el azúcar. Reserve.

6 Retire la piel del pollo, corte las patas y despréndalas del muslo. Separe la carne de la pechuga del hueso en 2 trozos y rebane a lo ancho en rebanadas gruesas. Espolvoree la mezcla de sal y pimienta sobre el pollo. Adorne con rizos de cebollitas de cambray y sirva con las salsas para remojar y la mezcla de cebollitas de cambray con arroz.

INGREDIENTES
Rinde 4 porciones

1.4 kg/3 lb de pollo listo para hornear
sal
6 cebollitas de cambray, limpias
5 cm/2 in de jengibre fresco, sin piel y rebanado
2 cucharaditas de granos de pimienta Szechuan, machacados
2½ cucharaditas de granos de sal de mar o sal de mar gruesa
2 cucharaditas de jengibre fresco, recién rallado
4 cucharadas de salsa de soya oscura
4 cucharadas de aceite de girasol
1 cucharadita de azúcar
2 dientes de ajo, picados
3 cucharadas de salsa de soya clara
1 cucharada de vino de arroz chino o jerez seco
1 cucharadita de aceite de ajonjolí
3 cucharadas de vinagre de arroz
1 chile rojo pequeño, rebanado
rizos de cebollitas de cambray
arroz al azafrán recién cocido al vapor, como guarnición

Pollo Asado a la Naranja

1 Precaliente el horno a 190°C/375°F durante 10 minutos. Coloque las rebanadas de naranja en un cazo pequeño, cubra con agua y hierva. Reduzca la temperatura y hierva a fuego lento 2 minutos; escurra. Coloque el azúcar en un cazo limpio con 150 ml/¼ pt de agua. Mezcle sobre el calor hasta disolver el azúcar. Hierva, agregue las rebanadas de naranja escurridas y reduzca la temperatura. Cocine a fuego lento 10 minutos. Retire del calor y deje enfriar en la miel.

2 Retire el exceso de grasa del interior del pollo. Separe con cuidado la piel del pollo, sin romperla. Coloque rebanadas de naranja, el cilantro y la menta debajo de la piel suelta.

3 Mezcle el aceite de oliva, el polvo de cinco especias, paprika y semillas de hinojo. Sazone con sal y pimienta. Barnice la piel del pollo generosamente con esta mezcla. Pase a una rejilla de alambre colocada sobre un refractario de metal para asar y ponga en el horno precalentado 1½ hrs o hasta que al picarlo en la parte más gruesa del muslo salga un jugo claro. Retire del horno y deje reposar 10 minutos. Adorne con ramas de cilantro fresco y sirva con verduras recién cocidas.

INGREDIENTES
Rinde 6 porciones

1 naranja pequeña, finamente rebanada
50 g/2 oz de azúcar
1.4 kg/3 lb de pollo listo para hornear
1 manojo pequeño de cilantro
1 manojo pequeño de menta fresca
2 cucharadas de aceite de oliva
1 cucharadita de polvo chino de cinco especias
½ cucharadita de paprika
1 cucharadita de semillas de hinojo, machacadas
sal y pimienta negra recién molida
ramas de cilantro fresco para adornar
verduras recién cocidas, como guarnición

Consejo Sabroso

Para hacer arroz al horno, mezcle una cebolla picada con 1 cucharada de aceite de girasol en un refractario. Incorpore 250 g/9 oz de arroz de grano largo, retire del calor. Incorpore 750 ml/1¼ pts de consomé vegetal o de pollo, 1 anís estrella, ½ varita de canela, 1 hoja de laurel, sal y pimienta. Tape y cocine 45 minutos o hasta suavizar. Esponje con un tenedor y retire las especias.

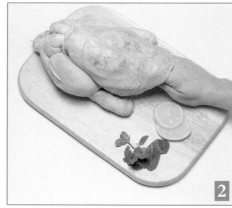

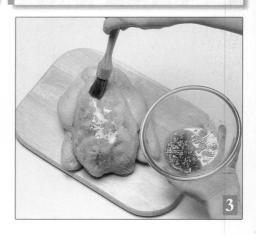

Alitas de Pollo Horneadas Estilo Tai

1 Precaliente el horno a 190°C/375°F durante 10 minutos. En un cazo pequeño, mezcle la miel, salsa de chile, ajo, jengibre, hierba-limón, 1 cuchara-da de la cáscara de limón, 2 cucharadas del jugo de limón con la salsa de soya, comino, cilantro y canela. Caliente suavemente hasta que empiece a burbujear, retire del calor y deje enfriar.

2 Prepare las alas de pollo doblando las puntas hacia abajo de la parte más gruesa de la carne para formar un triángulo. Acomode en un refractario poco profundo. Bañe con la mezcla de miel, volteando las alas para asegurarse de que estén bien cubiertas. Tape con plástico adherente y marine en el refrigerador 4 horas o durante toda la noche, volteando una o dos veces.

3 Mezcle la mayonesa con la cáscara de limón y jugo restante además del cilantro. Deje reposar para que suelte el sabor mientras se cocina.

4 Acomode las alas en una rejilla sobre un refractario metálico para asar. Ase en la parte superior del horno precalentado de 50 a 60 minutos o hasta que las alas estén suaves y doradas, glaseándolas una o dos veces con la marinada restante y volteando una vez. Retire del horno. Adorne con rebanadas de limón y sirva de inmediato con mayonesa.

INGREDIENTES
Rinde 4 porciones

4 cucharadas de miel de abeja clara

1 cucharada de salsa de chile

1 diente de ajo, sin piel y machacado

1 cucharadita de jengibre fresco, recién rallado

1 tallo de hierba-limón, sin hojas exteriores, y finamente picado

2 cucharadas de cáscara de limón sin semilla

3 ó 4 cucharadas de jugo de limón sin semilla recién hecho

1 cucharada de salsa de soya clara

1 cucharadita de comino molido

1 cucharadita de cilantro molido

¼ cucharadita de canela molida

1.4 kg/3 lb de alitas de pollo (aproximadamente 12 alas grandes)

6 cucharadas de mayonesa

2 cucharadas de cilantro recién picado

rebanadas de limón agrio o limón sin semilla para adornar

Consejo

Puede preparar una salsa sazonada para remojar mezclando 1 cucharada de cáscara de limón con el jugo de éste, 2 chiles rojos frescos estilo tai, sin semillas y rebanados, 1 cucharada de azúcar, 3 cucharadas de salsa de pescado y 1 cucharada de agua.

Pollo Asado a las Especias con Chutney de Tomate y Chalote

1 Precaliente el asador a temperatura media 5 minutos antes de cocinar. Caliente un wok o sartén grande para freír, agregue 1 cucharada del aceite de girasol y, cuando esté caliente, agregue los chiles sin semillas y picados, ajo, cúrcuma, comino, hinojo y albahaca recién picada. Fría 5 minutos, agregue el azúcar, 2 cucharadas de vinagre y mezcle hasta que se disuelva. Retire, integre el aceite de girasol y deje enfriar.

2 Haga 3 ó 4 cortes en la parte más gruesa de las pechugas. Unte la pasta de especias sobre el pollo, coloque en un plato, tape y marine en el refrigerador por lo menos 4 horas o durante toda la noche.

3 En una olla, caliente el aceite de girasol. Agregue los chalotes, sin piel y en mitades, y el ajo restante. Cocine suavemente por 15 minutos. Añada el vinagre sobrante, vino de arroz chino o jerez y azúcar con 50 ml/2 fl oz de agua. Hierva, reduzca la temperatura y cocine a fuego lento 10 minutos o hasta espesar. Agregue los jitomates con la salsa de soya y hierva a fuego lento de 5 a 10 minutos, o hasta que el líquido se reduzca. Deje enfriar el chutney.

4 Pase las piezas de pollo a un recipiente para asar y cocine bajo el asador precalentado de 15 a 20 minutos de cada lado, o hasta que esté totalmente cocido, bañando con frecuencia. Adorne con ramas de cilantro y rebanadas de limón. Sirva de inmediato con el chutney.

INGREDIENTES
Rinde 4 porciones

3 cucharadas de aceite de girasol
2 chiles rojos picantes
3 dientes de ajo, sin piel y picados
1 cucharadita de cúrcuma molida
1 cucharadita de semillas de comino
1 cucharadita de semillas de hinojo
1 cucharada de albahaca
1 cucharada de azúcar morena
125 ml/4 fl oz de vinagre de vino blanco o arroz
2 cucharaditas de aceite de ajonjolí
4 cuartos de pechugas grandes de pollo, con alas
225 g/8 oz de chalotes pequeños
2 cucharadas de vino de arroz chino o jerez seco
50 g/2 oz de azúcar molida
175 g/6 oz de jitomates cereza, en mitades
2 cucharadas de salsa de soya clara

PARA ADORNAR:
ramas de cilantro fresco
ramas de eneldo fresco
rebanadas de limón

Pato Sellado con Ciruelas en Conserva

1 Haga unas marcas con el cuchillo sobre cada pechuga de pato y colóquelas en un plato poco profundo. Mezcle el ajo, salsa de chile, miel, azúcar morena, jugo de limón y salsa de soya. Unte sobre el pato y deje marinar en el refrigerador 4 horas o durante la noche, si tiene tiempo. Mueva de vez en cuando.

2 Coloque las ciruelas en un cazo con el azúcar, vinagre de vino blanco, hojuelas de chile y canela. Hierva a fuego lento 5 minutos, o hasta que las ciruelas estén suaves, deje enfriar.

3 Retire el pato de la marinada y seque con toallas de papel. Reserve la marinada. Caliente un wok o sartén grande para freír, agregue el aceite y, cuando esté caliente, dore el pato por ambos lados. Incorpore la salsa de ostión y la marinada reservada. Hierva a fuego lento 5 minutos. Retire el pato y mantenga caliente.

4 Retire las ciruelas del líquido y reserve. Integre el líquido con la salsa del pato, hierva, reduzca la temperatura y cocine a fuego lento, sin tapar, 5 minutos o hasta reducir y espesar. Acomode el pato en platos calientes. Divida las ciruelas entre los platos y bañe con la salsa. Adorne con perejil y sirva de inmediato con fideo.

Consejo

Para marinar use un plato de vidrio o majolica. Los de plástico absorberán el olor y color de las marinadas; los de metal pueden tener reacción a los ingredientes ácidos.

INGREDIENTES
Rinde 4 porciones

4 pechugas de pato pequeñas, deshuesadas y sin piel

2 dientes de ajo, sin piel y machacados

1 cucharadita de salsa de chile picante

2 cucharaditas de miel de abeja

2 cucharaditas de azúcar morena

jugo de 1 limón sin semilla

1 cucharada de salsa de soya

6 ciruelas grandes, partidas a la mitad y sin hueso

50 g/2 oz de azúcar molida

50 ml/2 fl oz de vinagre de vino blanco

¼ cucharadita de hojuelas de chile seco

¼ cucharadita de comino molido

1 cucharada de aceite de girasol

150 ml/¼ pt de consomé de pollo

2 cucharadas de salsa de ostión

ramas de perejil liso

fideo recién cocido, como guarnición

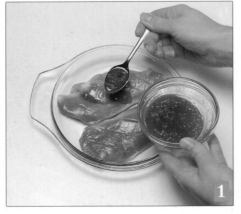

Omelette Relleno Estilo Tai

1 En el tazón de un molino de especias o procesador de alimentos, coloque el chalote, ajo, chile, cilantro y azúcar. Mezcle hasta picar finamente. Agregue la salsa de soya, salsa de pescado y 1 cucharada del aceite vegetal. Mezcle ligeramente para hacer una pasta. Reserve.

2 Caliente un wok o sartén grande para freír, agregue 1 cucharada del aceite y, cuando esté caliente, integre el pollo y la berenjena. Saltee de 3 a 4 minutos, o hasta dorar. Agregue los hongos, pimiento rojo, ejotes y cebollitas. Fría de 3 a 4 minutos o hasta que estén dorados, agregando los chícharos en el último minuto. Retire del calor e integre la pasta reservada de cilantro. Reserve.

3 En un tazón, bata los huevos y sazone al gusto con sal y pimienta. Caliente el aceite restante en una sartén antiadherente para freír, agregue los huevos ladeando la sartén para que los huevos cubran la base. Mueva los huevos hasta que empiecen a cocerse, y después cocine 1 ó 2 minutos, o hasta que estén firmes en la base pero ligeramente suaves por encima.

4 Coloque la mezcla de pollo y vegetales en una mitad de la omelette y doble cuidadosamente para cubrir con la otra mitad. Cocine a calor bajo de 2 a 3 minutos o hasta que el huevo esté cocido y la mezcla de pollo esté caliente. Adorne con una rama de albahaca y sirva de inmediato.

INGREDIENTES
Rinde 4 porciones

1 chalote, sin piel y picado toscamente

1 diente de ajo, sin piel y picado toscamente

1 chile rojo pequeño, sin semillas y picado toscamente

15 g/½ oz de hojas de cilantro

una pizca de azúcar

2 cucharaditas de salsa de soya clara

2 cucharaditas de salsa de pescado tai

4 cucharadas de aceite vegetal o de maní

175 g/6 oz de pechugas de pollo sin hueso ni piel, en rebanadas delgadas

½ berenjena pequeña, limpia y cortada en dados

50 g/2 oz de champiñones u hongos shiitake, limpios y rebanados

½ pimiento rojo pequeño, sin semillas y rebanado

50 g/2 oz de ejotes delgados, limpios y en mitades

2 cebollitas de cambray, limpias y en rebanadas gruesas

25 g/1 oz de chícharos congelados precocidos, descongelados

6 huevos medianos

sal y pimienta negra recién molida

ramas de albahaca fresca, para adornar

Pollo al Curry Rojo

1 Coloque la crema de coco en un cazo pequeño y caliente suavemente. Mientras tanto, caliente un wok o sartén grande para freír y agregue el aceite. Cuando esté muy caliente, gire el aceite alrededor del wok hasta cubrir ligeramente las paredes, agregue el ajo y saltee de 10 a 20 segundos, o hasta que empiece a dorarse. Agregue la pasta de curry y saltee unos segundos e integre la crema de coco caliente.

2 Cocine la mezcla de crema de coco 5 minutos, o hasta que cuaje y espese. Incorpore la salsa de pescado y azúcar. Agregue la pechuga de pollo finamente rebanada y cocine de 3 a 4 minutos, o hasta que el pollo se torne blanco.

3 Ponga el consomé en el wok, hierva, reduzca la temperatura y cocine a fuego lento 1 ó 2 minutos, o hasta que esté cocido. Incorpore las hojas de limón picadas. Coloque en un platón caliente, adorne con el chile rojo picado y sirva de inmediato acompañando con arroz.

Consejo Sabroso

El arroz aromático tai tiene una consistencia suave y ligeramente esponjosa. Para 4 personas, use 400 ml (14 fl oz) de arroz. Enjuague bajo el chorro de agua fría y coloque en un cazo de base gruesa con 600 ml/1 pt de agua fría. El agua deberá taparlo por 2.5 cm/1 in. Agregue una pizca generosa de sal, hierva, reduzca la temperatura y cocine a fuego lento 15 minutos o hasta que casi toda el agua se haya evaporado. Cubra con una tapa apretada, baje la temperatura lo más que se pueda y cocine 5 minutos más, o hasta que se absorba toda el agua y el arroz esté suave. Para agregar sabor, puede usar consomé ligero en vez de agua.

INGREDIENTES
Rinde 4 porciones

225 ml/8 fl oz de crema de coco

2 cucharadas de aceite vegetal

2 dientes de ajo

2 cucharadas de pasta de curry rojo estilo tai

2 cucharadas de salsa de pescado tai

2 cucharaditas de azúcar

350 g/12 oz de pechugas de pollo sin hueso ni piel, en rebanadas

450 ml/¾ pt de consomé de pollo

2 hojas de limón, picadas

chile rojo picado, para adornar

arroz recién hervido o arroz aromático estilo tai cocido al vapor, como guarnición

Pavo al Curry Verde

1 Coloque las berenjenas en un colador y espolvoree con la sal. Ponga sobre un plato o fregadero para escurrir y deje reposar 30 minutos. Enjuague bajo el chorro de agua fría y seque con toallas de papel.

2 Caliente un wok o sartén grande para freír, agregue el aceite de girasol y, cuando esté caliente, añada los chalotes y ajo. Saltee 3 minutos o hasta que empiecen a dorarse. Añada la pasta de curry y fría 1 ó 2 minutos. Integre el consomé, salsa de pescado y jugo de limón; hierva a fuego lento 10 minutos.

3 Ponga el pavo, pimiento y ejotes en el wok con las berenjenas. Vuelva a hervir a fuego lento de 10 a 15 minutos, o hasta que el pavo y los vegetales estén suaves. Agregue la crema de coco sólida y mezcle. Cuando se derrita y la salsa haya espesado, coloque en un platón caliente y sirva de inmediato.

INGREDIENTES
Rinde 4 porciones

4 berenjenas cambray, limpias y partidas en cuartos

1 cucharadita de sal

2 cucharadas de aceite de girasol

4 chalotes, sin piel y partidos en mitades o cuartos

2 dientes de ajo, sin piel y rebanados

2 cucharadas de pasta de curry verde tai

150 ml/¼ pt de consomé de pollo

1 cucharada de salsa de pescado tai

1 cucharada de jugo de limón agrio

350 g/12 oz de pechugas de pavo sin hueso ni piel, en cubos

1 pimiento rojo, sin semillas y rebanado

125 g/4 oz de ejotes, limpios y en mitades

25 g/1 oz de crema de coco sólida

arroz recién hervido o arroz aromático tai al vapor, como guarnición

Dato Culinario

Algunos tipos de berenjena crecen en Tailandia. Por lo general los tailandeses prefieren las variedades más pequeñas, que tienen un sabor más delicado. Se pueden encontrar en tiendas orientales en donde se conocen como berenjenas chinas, pero si no las encuentra, use berenjenas cambray como sugerimos en esta receta.

Pollo Tai con Chile y Cacahuates

1 Caliente un wok o sartén grande para freír. Agregue el aceite y, cuando esté caliente, gire con cuidado para cubrir ligeramente los lados. Añada el ajo y saltee de 10 a 20 segundos, o hasta que empiece a dorarse. Incorpore las hojuelas de chile y fría unos segundos más.

2 Añada el pollo finamente rebanado y saltee de 2 a 3 minutos, o hasta que se torne blanco.

3 Agregue los siguientes ingredientes mezclando después de cada uno: salsa de pescado, cacahuates, arvejas dulces, consomé de pollo, salsas de soya y azúcar. Mezcle.

4 Hierva y cuando suelte el hervor, reduzca la temperatura. Cocine a fuego lento de 3 a 4 minutos o hasta que el pollo y los vegetales estén suaves. Retire del calor y pase a un platón caliente. Adorne con el cilantro picado y sirva de inmediato con arroz hervido o al vapor.

Dato Culinario

El aceite de maní o cacahuate es un aceite de leguminosas. A menudo se usa en la cocina tai debido a su sabor suave y la facilidad de calentarse a temperaturas muy altas sin quemarse, haciéndolo perfecto para los salteados y la fritura profunda. No intente hacer salteados con aceite de oliva pues no es el adecuado. Si usara aceite de oliva extra virgen sería un gran desperdicio pues se perdería su delicado sabor.

INGREDIENTES
Rinde 4 porciones

2 cucharadas de aceite vegetal o de maní

1 diente de ajo, sin piel y finamente picado

1 cucharadita de hojuelas de chile seco

350 g/12 oz de pechuga de pollo sin piel ni hueso, en rebanadas delgadas

1 cucharada de salsa de pescado tai

2 cucharadas de cacahuates, asados y picados toscamente

225 g/8 oz de arvejas dulces

3 cucharadas de consomé de pollo

1 cucharada de salsa de soya clara

1 cucharada de salsa de soya oscura

1 pizca generosa de azúcar

cilantro recién picado, para adornar

arroz hervido o al vapor, como guarnición

Pavo Salteado Estilo Tai

1 Coloque el arroz en una sartén pequeña para freír y cocine, moviendo constantemente sobre calor medio-alto de 4 a 5minutos, o hasta dorar. Pase a un molino de especias o licuadora y pulse ligeramente para moler toscamente. Reserve.

2 En un cazo pequeño, coloque el jugo de limón, 3 cucharadas del consomé, la salsa de pescado y la pimienta de cayena; hierva. Agregue el pavo molido y vuelva a hervir. Continúe cociendo sobre calor alto hasta sellar el pavo por todos lados.

3 Agregue los chalotes y el hierba-limón, hoja de limón, cebollitas de cambray y arroz reservado. Continúe cociendo 1 ó 2 minutos más, agregando un poco más de consomé si fuera necesario para mantener la humedad.

4 Ponga un poco de la mezcla en cada hoja china y acomode sobre un platón o platos individuales. Adorne con un poco de cilantro picado y sirva de inmediato.

INGREDIENTES
Rinde 4 porciones

2 cucharadas de arroz aromático tai

2 cucharadas de jugo de limón

de 3 a 5 cucharadas de consomé de pollo

2 cucharadas de salsa de pescado tai

½ ó 1 cucharadita de pimienta de cayena, o al gusto

125 g/4 oz de carne recién molida de pavo

2 chalotes, sin piel y picados

½ tallo de hierba-limón, sin hojas exteriores y finamente rebanado

1 hoja de limón, finamente rebanada

1 cebollita de cambray, limpia y finamente picada

cilantro recién picado, para adornar

hojas chinas, para servir

Consejo Sabroso

Cocer el arroz antes de molerlo le da un sabor tostado a nuez. Al cocinarlo tenga cuidado de no dorar demasiado, solo ligeramente para no arruinar su sabor. Las hojas chinas son buenos recipientes para servir y permiten comer este platillo con los dedos. También se puede usar como una deliciosa entrada para 6 u 8 personas.

Pato Agri-Picante

1 Espolvoree el pato con la sal, tape ligeramente y refrigere 20 minutos.

2 Mientras tanto, coloque la pulpa de tamarindo en un tazón pequeño, cubra con 4 cucharadas de agua caliente y deje reposar 2 ó 3 minutos, o hasta suavizar. Pase por un colador y coloque el líquido en otro tazón sacando aproximadamente 2 cucharadas de jugo terso.

3 Coloque el jugo de tamarindo en un procesador de alimentos con los chalotes, ajo, jengibre, cilantro, chiles, cúrcuma y almendras. Mezcle hasta integrar, agregando un poco más de agua si fuera necesario. Reserve la pasta.

4 Caliente un wok o sartén grande para freír, agregue el aceite y, cuando esté caliente, saltee el pato en tandas de 3 minutos, o hasta que tome color. Escurra sobre toallas de papel.

5 Reserve 2 cucharadas del aceite y coloque el resto en el wok. Vuelva a calentar. Agregue la pasta y saltee 5 minutos. Añada el pato y fría 2 minutos. Integre los tallos de bambú y saltee 2 minutos. Sazone al gusto con sal y pimienta. Coloque en un platón caliente, adorne con ramas de cilantro fresco y sirva de inmediato acompañando con arroz.

INGREDIENTES
Rinde 4 porciones

4 pechugas pequeñas de pavo sin hueso, con piel, en rebanadas delgadas a lo ancho

1 cucharadita de sal

4 cucharadas de pulpa de tamarindo

4 chalotes, sin piel y picados

2 dientes de ajo, sin piel y picados

2.5 cm / 1 in de jengibre fresco, sin piel y picado

1 cucharadita de cilantro molido

3 chiles rojos grandes, sin semillas y picados

½ cucharadita de cúrcuma

6 almendras blanqueadas, picadas

125 ml / 4 fl oz de aceite vegetal

1 lata de 227 g de tallos de bambú, drenados, enjuagados y en rebanadas delgadas

sal y pimienta negra recién molida

ramas de cilantro fresco para adornar

arroz recién cocido, como guarnición

Dato Culinario

Aunque los tallos de bambú prácticamente no tienen sabor, dan un sabor fresco y crujiente a los platillos. De vez en cuando se pueden comprar frescos. Sin embargo, los de lata son baratos y muy buenos.

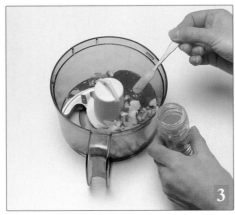

Arroz Frito con Pollo Tai

1 Usando un cuchillo filoso, limpie el pollo, desechado los cartílagos y grasa. Corte en cubos pequeños y reserve.

2 Caliente un wok o sartén grande para freír, agregue el aceite y, cuando esté caliente, añada el ajo y cocine de 10 a 20 segundos, o hasta dorar. Agregue la pasta de curry y saltee unos segundos. Añada el pollo y fría de 3 a 4 minutos, o hasta que esté suave y se torne blanco.

3 Incorpore el arroz cocido frío a la mezcla de pollo, agregue la salsa de soya, salsa de pescado y azúcar, moviendo después de cada adición. Saltee de 2 a 3 minutos o hasta que el pollo esté cocido y el arroz esté hirviendo.

4 Rectifique la sazón y, si fuera necesario, agregue un poco más de salsa de soya. Coloque el arroz y la mezcla de pollo en un platón caliente. Sazone ligeramente con pimienta negra y adorne con cebollitas de cambray picadas y rebanadas de cebolla. Sirva de inmediato.

INGREDIENTES
Rinde 4 porciones

175 g/6 oz de pechuga de pollo, deshuesada y sin piel
2 cucharadas de aceite vegetal
2 dientes de ajo, sin piel y finamente picados
2 cucharaditas de pasta de curry
450 g/1 lb de arroz cocido frío
1 cucharada de salsa de soya clara
2 cucharadas de salsa de pescado tai
1 pizca generosa de azúcar
pimienta negra recién molida

PARA ADORNAR:

2 cebollitas de cambray, limpias y cortadas a lo largo
½ cebolla pequeña, pelada y muy finamente rebanada

Consejo Sabroso

Hay una gran variedad de pastas de curry, desde la suave y ligeramente sazonada hasta la muy picante. En esta receta sugerimos la pasta de curry término medio, pero use su favorita, siempre y cuando ésta sea pasta de curry estilo tai, ya sea de curry rojo o verde, perono debe ser estilo hindú.

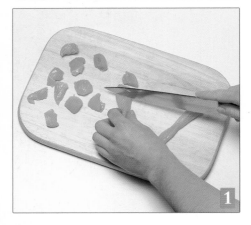

Pollo Asado al Azafrán con Cebollas Crujientes

1 Precaliente el horno a 200°C/ 400°F. Suelte el pellejo de la pechuga deslizando suavemente la mano entre ambos. Haga una crema mezclando 50 g/2 oz de mantequilla con el azafrán, la cáscara de limón y la mitad del perejil, hasta que se integren. Inserte la mezcla debajo del pellejo y unte la pechuga y la parte superior de los muslos con los dedos. Jale el pellejo del cuello para ajustar el de la pechuga y pliegue. Asegure con palillos.

2 Caliente el aceite de oliva y el resto de la mantequilla en una sartén grande y pesada, fría la cebolla y el ajo 5 minutos o hasta que la cebolla quede tierna. Agregue, sin dejar de remover, las semillas de comino, los piñones, la canela y las pasas y cocine 2 minutos.

Salpimente al gusto y coloque en una charola para hornear.

3 Acomode el pollo, pechuga abajo, sobre la base de cebolla y ase en el horno 45 minutos. Baje el fuego a 170°C/325°F. Voltee el pollo con la pechuga hacia arriba y agite la cebolla. Siga asando hasta que el pollo tome un color amarillo oro profundo y que las cebollas estén crujientes. Deje reposar 10 minutos y espolvoree con el resto del perejil. Antes de servir, decore con el tallo de perejil y sirva de inmediato con las cebollas y el ajo.

INGREDIENTES
Rinde 4–6 porciones

1.6 kg/3½ lb de pollo listo para rostizar

75 g/3 oz de mantequilla suavizada

1 cucharadita de estigmas de azafrán ligeramente tostados

cáscara rallada de 1 limón

2 cucharadas de perejil liso recién picado

2 cucharadas de aceite de oliva extra virgen

450 g/1 lb de cebollas peladas y cortadas en gajos delgados

8–12 dientes de ajo pelados

1 cucharadita de semillas de comino

½ cucharadita de canela molida

50 g/2 oz de piñones

50 g/2 oz de pasas sin semilla

sal y pimienta negra recién molida

tallo de perejil liso fresco para decorar

Consejo del Chef

Al asar el pollo primero con la pechuga abajo se asegura que la carne blanca quede jugosa. Al voltear el pollo a la mitad del proceso, se logra que la piel quede dorada y crujiente.

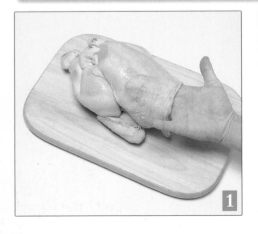

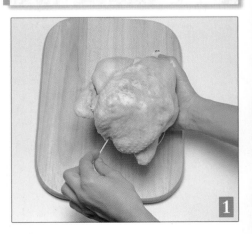

Faisán con Hongos Portobello y Salsa de Vino Tinto

1 Precaliente el horno a 180°C/350°F. Caliente la mantequilla y el aceite en una sartén grande o cacerola. Agregue las mitades de faisán y los chalotes en grupos, si es necesario, y cocine 10 minutos, o hasta que estén dorados por todos lados. Agite la cacerola para glasear los chalotes. Transfiera a una cacerola suficientemente grande para contener las piezas en una sola capa. Agregue los hongos y el tomillo a la sartén y cocine 2–3 minutos hasta que tomen color. Transfiera a la cacerola grande.

2 Agregue el vino a la sartén, deberá burbujear y humear. Cocine revolviendo y despegue las piezas pegadas a la sartén; deje que se reduzca a la mitad. Vierta el caldo, suba al hervor y luego vierta sobre las aves. Cubra y dore en el horno 50 minutos o hasta que quede tierno. Retire las mitades de faisán y las verduras y colóquelas en un platón ancho para servir. Deje la cacerola sobre fuego medio.

3 Retire de la superficie cualquier grasa y suba al hervor. Mezcle la maicena con el vinagre y agregue batiendo a la salsa con la jalea. Hierva hasta reducir y espesar un poco la salsa. Agregue batiendo el perejil y Salpimente al gusto. Vierta sobre el faisán, decore con tallos de tomillo y sirva de inmediato.

INGREDIENTES
Rinde 4 porciones

25 g/1 oz de mantequilla

1 cucharada de aceite de oliva

2 faisanes pequeños, enjuagados, secos y partidos en 2

8 chalotes pelados

300 g/11 oz de hongos portbello, rebanados grueso

2–3 tallos de tomillo o romero fresco, con las hojas desgajadas

300 ml/½ pt de vino tinto Valpolicella

300 ml/½ pt de caldo de pollo

1 cucharada de maicena

2 cucharadas de vinagre balsámico

2 cucharadas de jalea de grosellas, o cantidad al gusto

2 cucharadas de perejil liso recién picado

sal y pimienta negra recién molida

tallos de tomillo fresco para decorar

Consejo del Chef

Para partir los faisanes, corte a lo largo del esternón y jale para desprender la pechuga de la caja torácica. Corte a través del muslo donde se junta con la espalda y corte del otro lado del pecho para obtener las mitades.

Pollitos Deshuesados con Mantequilla de Ajo y Salvia

1 Precaliente la parrilla de la estufa o la parrilla de carbón y forre su charola con aluminio justo antes de cocinar. Coloque el ajo en una pequeña olla con agua y suba al hervor. Hierva a fuego suave 5 minutos o hasta que estén tiernos. Escurra y deje enfriar un poco. Corte el lado de la raíz de cada diente y exprima la pulpa de ajo sobre un recipiente.

2 Machaque el ajo hasta que quede suave. Agregue batiendo la mantequilla, los cebollines y la cáscara de limón con su jugo. Salpimente al gusto.

3 Separe la piel de la pechuga de cada pollito suavemente con las puntas de los dedos. Inserte una cuarta parte de la mantequilla entre la piel y la carne y extienda la mezcla uniformemente sobre las pechugas y la parte superior de los muslos. Jale la piel del cuello para estirar la de la pechuga y pliegue.

Repita con los pollitos y la mantequilla restantes.

4 Ensarte 2 alambres a través de ambas aves, desde una ala hasta la pierna opuesta, para mantenerlas planas. Barnice con aceite de oliva y salpimente.

5 Acomode los pollitos sobre la charola y ase 25 minutos, volteando ocasionalmente, hasta que queden dorados y crujientes y sus jugos broten al ser picados con un tenedor. (Coloque la charola a 12.5 cm/5 in del fuego para asegurar que la piel no se dore antes de estar lista la carne). Decore con cebollines y salvia. Sirva de inmediato con la polenta y los tomates asados.

INGREDIENTES
Rinde 4 porciones

PARA LA MANTEQUILLA DE HIERBAS:

6 dientes de ajo grandes
150 g/5 oz de mantequilla derretida
2 cucharadas de cebollín recién picado
2 cucharadas de salvia recién picada
cáscara rallada y jugo de 1 limón pequeño
sal y pimienta negra recién molida

PARA LOS POLLITOS:

4 pollitos deshuesados que tengan entre 4–6 semanas
2 cucharadas de aceite de oliva extra virgen

PARA DECORAR:

cebollín
hojas frescas de salvia

PARA SERVIR:

polenta a la parrilla
tomates a la parrilla

Pollo Cacciatore

1 Caliente 1 cucharada de aceite de oliva en una sartén profunda y agregue la pancetta o el tocino y sofría 2–3 minutos o hasta que quede dorado y crujiente. Con una cuchara ranurada, transfiera a un plato y reserve.

2 Salpimente la harina y enharine el pollo. Caliente el resto del aceite y dore el pollo por todos lados durante 15 minutos. Retire de la sartén y reserve con el tocino.

3 Agregue removiendo el ajo a la sartén y fría alrededor de 30 segundos. Agregue el vino y cocine batiendo y despegando los ingredientes pegados a la base.

Hierva el vino hasta reducirlo a la mitad. Agregue los tomates, el caldo, las cebollas, el laurel, el azúcar y el orégano. Revuelva bien. Salpimente al gusto.

4 Regrese el pollo y el tocino a la sartén. Suba al hervor. Cubra y hierva a fuego suave 30 minutos. Agregue removiendo el pimiento y cocine otros 15-20 minutos o hasta que el pollo y las verduras queden tiernos y la salsa reducida y ligeramente espesa. Agregue removiendo el perejil y sirva de inmediato con tagliatelle.

INGREDIENTES
Rinde 4 porciones

2–3 cucharadas de aceite de oliva

125 g/4 oz de pancetta o tocino americano en cubos

25 g/1 oz de harina

sal y pimienta negra recién molida

1.4–1.6 kg/3–3½ lb de pollo cortado en 8 piezas

2 dientes de ajo pelados y picados

125 ml/4 fl oz de vino tinto

1 lata de 400 g de tomates picados

150 ml/¼ pt de caldo de pollo

12 cebollas pequeñas, peladas

1 hoja de laurel

1 cucharadita de azúcar morena

1 cucharadita de orégano seco

1 pimiento verde, desvenado y picado

225 g/8 oz de hongos de bola picados grueso

2 cucharadas de perejil recién picado

tagliatelle recién preparado para servir

Consejo Sabroso

Use hongos con más sabor que los de bola si los encuentra. Éstos, además, agregan color a la salsa.

Pollo al Limón con Papas, Romero y Aceitunas

1 15 minutos antes de cocinar, precaliente el horno a 200°C/400°F. Desbaste los muslos y colóquelos en un refractario lo suficientemente grande para acomodarlos en una sola capa. Con un cuchillo filoso, ralle finamente la cáscara del limón o forme tiras finas en juliana. Reserve la mitad y agregue el resto al pollo. Exprima el limón sobre el pollo. Revuelva para bañar bien el pollo y deje reposar 10 minutos.

2 Transfiera el pollo a una charola para hornear. Agregue el resto de las cascaritas de limón, el aceite, el ajo, las cebollas y la mitad de los tallos de romero. Revuelva suavemente y deje reposar 20 minutos.

3 Cubra las papas con agua ligeramente salada. Suba al hervor y cocine 2 minutos. Escurra bien y agregue al pollo. Salpimente al gusto.

4 Ase el pollo en el horno 50 minutos, volteándolo con frecuencia y bañándolo con la mezcla, hasta que el pollo esté cocido. Justo antes de terminar, retire los tallos de romero y agregue tallos frescos. Agregue las aceitunas y revuelva. Sirva de inmediato con las zanahorias y calabacitas.

INGREDIENTES
Rinde 6 porciones

12 muslos de pollo deshuesados y despellejados

1 limón grande

125 ml/4 fl oz de aceite de oliva extra virgen

6 dientes de ajo pelados y rebanados

2 cebollas peladas y rebanadas finamente

1 manojo de tallos de romero fresco

1.1 kg/2½ lb de papas peladas y cortadas en piezas de 4 cm/1½ in

sal y pimienta negra recién molida

18–24 aceitunas negras sin hueso

PARA SERVIR:

zanahorias al vapor
calabacitas

Consejo del Chef

Para cualquier platillo en el que se come la cáscara del limón, vale la pena comprar limones sin cera. Si no los encuentra, retire la cera con un cepillo y agua caliente antes de cortar la cascarita.

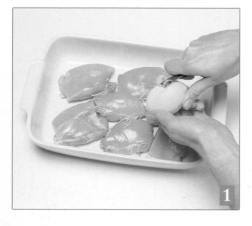

Pollo con Hongos Porcini y Crema

1 Caliente el aceite en una sartén pesada, agregue las pechugas con la piel para abajo, y cocine 10 minutos o hasta que queden bien doradas. Retírelas y reserve. Agregue el ajo, revuélvalo con los jugos y cocine 1 minuto.

2 Vierta el vermouth o vino en la sartén, Salpimente y agregue el pollo. Suba al hervor y luego hierva a fuego suave 20 minutos o hasta que quede tierno.

3 En otra sartén grande, caliente la mantequilla y agregue los hongos. Sofría 5 minutos o hasta que los hongos estén tiernos y dorados.

4 Agregue los hongos y sus jugos al pollo. Salpimente al gusto. Agregue el orégano. Mezcle suavemente y cocine otro minuto. Transfiera a un platón grande de servir y decore con tallos de albahaca, si lo desea. Sirva de inmediato con el arroz.

INGREDIENTES
Rinde 4 porciones

2 cucharadas de aceite de oliva

4 pechugas de pollo deshuesadas

2 dientes de ajo pelados y machacados

150 ml/¼ pt de vermouth seco o vino blanco seco

sal y pimienta negra recién molida

25 g/1 oz de mantequilla

450 g/1 lb de hongos porcini o silvestres, en rebanadas gruesas

1 cucharada de orégano recién picado

tallos de albahaca para decorar (opcional)

arroz recién preparado, para servir

Consejo Sabroso

Los hongos porcini, o "cep", son silvestres y difíciles de conseguir fuera de Europa. Frescos son extremadamente caros. Es más fácil encontrarlos secos. Escoja los de color dorado a café pálido y evite los que parecen desmigajarse. Necesitará 15 g/½ oz. Puede usar hongos cultivados en esta receta.

Consejo del Chef

Si usa hongos secos, cúbralos con agua casi hirviendo y déjelos 20 minutos. Escurra y cuele el líquido para usarlo posteriormente.

Pollo al Limón con Albahaca y Linguini

1 Mezcle en un recipiente grande la cáscara y el jugo de limón, el ajo, la mitad del aceite, la sal y la pimienta. Agregue las piezas de pollo y agite para cubrirlas bien. Deje reposar una hora, revolviendo ocasionalmente.

2 Caliente el resto del aceite en una sartén grande de teflón y fría la cebolla 3–4 minutos o hasta que quede ligeramente suave. Con una cuchara ranurada, escurra el pollo y agregue a la sartén. Reserve la marinada. Fría 2–3 minutos o hasta que queden dorados. Agregue el apio y los hongos. Cocine otros 2–3 minutos.

3 Espolvoree la harina y revuelva para bañar el pollo y las verduras. Poco a poco agregue batiendo el vino hasta formar una salsa espesa. Después agregue y revuelva el caldo y la marinada. Suba al hervor revolviendo continuamente. Cubra y hierva a fuego suave 10 minutos y agregue el resto de la albahaca, sin dejar de batir.

4 Mientras tanto, suba al hervor una cacerola con agua ligeramente salada. Agregue lentamente el linguini y hierva a fuego suave –10 minutos o hasta que quede "al dente". Escurra muy bien y vierta en un platón de servir. Derrame encima la salsa y decore con la cascarita de limón y hojas de albahaca. Sirva de inmediato.

INGREDIENTES
Rinde 4 porciones

cáscara rallada y jugo de 1 limón

2 dientes de ajo pelados y machacados

2 cucharadas de aceite de oliva extra virgen con albahaca

4 cucharadas de albahaca recién picada

sal y pimienta negra recién molida

450 g/1 lb de pechuga de pollo deshuesada y cortada en pedazos tamaño bocadillo

1 cebolla pelada y picada finamente

3 tallos de apio desbastados y rebanados finamente

175 g/6 oz de hongos limpios, cortados a la mitad

2 cucharadas de harina

150 ml/¼ pt de vino blanco

150 ml/¼ pt de caldo de pollo

350–450 g/12 oz–1 lb de linguini

PARA DECORAR:

cascarita de limón

hojas de albahaca frescas

Consejo Sabroso

Prepare el aceite de oliva con albahaca poniendo en una licuadora un manojo de albahaca picada. Agregue 3–4 cucharadas de aceite de oliva de buena calidad y forme un puré. Cuele con un colador de perforaciones finas. Este aceite no se conserva bien, por lo que debe usarse de inmediato.

Hígado de Pollo en Salsa de Tomate con Tagliolini

1 Caliente la mitad del aceite en una sartén grande y pesada. Agregue la cebolla. Cocine 4–5 minutos, revolviendo frecuentemente, hasta que quede tierna y transparente. Agregue el ajo y cocine otro minuto.

2 Agregue el vino y cocine, revolviendo hasta reducirlo a la mitad. Agregue los tomates, el puré, y la mitad de la salvia o el tomillo. Suba al hervor, revolviendo para romper los tomates. Hierva a fuego suave 30 minutos, revolviendo ocasionalmente, o hasta que se reduzca y espese la salsa. Salpimente al gusto.

3 Suba al hervor una cacerola con agua ligeramente salada. Agregue la pasta y cocine 7–10 minutos o hasta que esté "al dente".

4 Mientras tanto, derrita el resto del aceite y la mantequilla en una sartén grande y pesada, hasta que estén muy calientes. Seque los hígados y espolvoree con un poco de harina. Agregue a la sartén poco a poco y cocine 5 minutos o hasta que queden dorados y crujientes. Revuelva con frecuencia. Los hígados deben quedar rosados al centro.

5 Escurra bien la pasta y viértala en un platón de servir caliente. Mezcle los hígados con la salsa cuidadosamente y luego vierta la salsa sobre la pasta. Revuelva suavemente para mezclar todo. Decore con tallos de salvia y sirva de inmediato.

INGREDIENTES
Rinde 4 porciones

50 ml/2 fl oz de aceite de oliva extra virgen

1 cebolla pelada y picada finamente

2 dientes de ajo pelados y picados finamente

125 ml/4 fl oz de vino tinto seco

2 latas de 400 g c/u de tomates saladet pelados con jugo

1 cucharada de puré de tomate

1 cucharada de hojas de salvia o tomillo recién picadas

sal y pimienta negra recién molida

350 g/12 oz de pasta tagliolini, papardelle o tagliatelle fresca o seca

25 g/1 oz de mantequilla

225 g/8 oz de hígados de pollo frescos, desbastados y cortados a la mitad

harina para espolvorear

tallos de salvia para decorar (opcional)

Consejo del Chef

Muchas recetas con vino requieren que se hierva para reducirlo a la mitad. Esto elimina el alcohol y concentra el sabor. Sin la reducción, la salsa tendrá sabor amargo a vino oxidado.

Canelones de Pollo Cremoso

1 10 minutos antes de cocinar, precaliente el horno a 190°C/375°F. Unte un refractario de 28 x 23 cm/11 x 9 in con un poco de mantequilla. Caliente la mitad de la mantequilla en una sartén grande y pesada. Agregue el ajo y los hongos y fría a fuego suave 5 minutos. Agregue revolviendo la albahaca y la espinaca y cocine, tapado, hasta que la espinaca quede acitronada y tierna. Revuelva con frecuencia. Salpimiente al gusto. Transfiera al refractario. Reserve.

2 Derrita el resto de la mantequilla en una cacerola pequeña, agregue batiendo la harina y cocine más o menos 2 minutos revolviendo continuamente. Retire del fuego, agregue batiendo el caldo seguido por el vino y la crema. Regrese al fuego, suba al hervor y hierva a fuego suave hasta que la salsa quede espesa y uniforme. Salpimente al gusto.

3 Vierta 125 ml/4 fl oz de la salsa de crema en un recipiente. Agregue el pollo, el jamón y el tomillo. Salpimente al gusto. Rellene con la mezcla los canelones y acomódelos en dos filas sobre la cama de espinaca.

4 Agregue la mitad del gruyere a la salsa y caliente revolviendo hasta que se derrita. Vierta al refractario y cubra con el resto de los 2 quesos. Hornee 35 minutos o hasta que esté dorado y burbujeante. Decore con el tallo de albahaca y sirva de inmediato.

Consejo Sabroso

Esta deliciosa salsa requiere acompañarse con una ensalada. Mezcle 1 cucharadita de mostaza de Dijon con 2 cucharaditas de jugo de limón y una pizca de azúcar. Salpimente al gusto. Cuando esté bien mezclado, agregue batiendo 3–4 cucharadas de aceite de oliva de buena calidad y 175 g/6 oz de hojas mixtas de ensalada y revuelva para bañar bien.

INGREDIENTES
Rinde 6 porciones

50 g/2 oz de mantequilla
2 dientes de ajo pelados y machacados finamente
225g/8 oz de champiñones rebanados finamente
2 cucharadas de albahaca fresca picada
450 g/1 lb de espinaca fresca, sancochada
sal y pimienta negra recién picada
2 cucharadas de harina
300 ml/½ pt de caldo de pollo
150 ml/¼ pt de vino blanco seco
150 ml/¼ pt de crema doble
350 g/12 oz de pollo despellejado, deshuesado, cocido y picado
175 g/6 oz de jamón de Parma picado finamente
½ cucharadita de tomillo seco
225 g/8 oz de canelones precocidos
175 g/6 oz de queso gruyere rallado
40 g/1½ oz de queso parmesano rallado
tallo de albahaca, para decorar

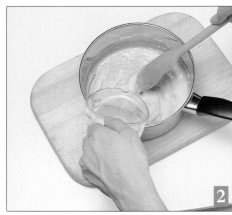

Pollo Poché con Salsa Verde y Hierbas

1 Coloque las pechugas y el caldo en una sartén grande y suba al hervor. Reduzca el calor y hierva a fuego suave 10–15 minutos o hasta que quede cocido. Deje enfriar en el caldo.

2 Para preparar la salsa verde, encienda el motor de la licuadora, vierta el ajo y pique finamente. Agregue la menta y el perejil y presione el botón de pulso 2–3 veces. Agregue las alcaparras, el pepinillo, las anchoas y la arúgula (si los usa) y pulse 2–3 veces hasta que la salsa tenga una textura uniforme.

3 Con la máquina en marcha, vierta el jugo de limón o el vinagre. Agregue el aceite en un chorro lento y uniforme hasta que la salsa quede suave. Salpimente al gusto, transfiera a un platón de servir grande y reserve.

4 Corte las pechugas en rebanadas gruesas y acomode, en forma de abanico, sobre platos de servir. Ponga una cucharada de salsa verde sobre cada pieza, decore con tallos de menta y sirva de inmediato con las verduras.

INGREDIENTES
Rinde 6 porciones

6 pechugas deshuesadas de 175 g/6 oz c/u

600 ml/1 pt de caldo de pollo, preferiblemente hecho en casa

PARA LA SALSA VERDE:

2 dientes de ajo pelados y picados

4 cucharadas de perejil fresco recién picado

3 cucharadas de menta recién picada

2 cucharaditas de alcaparras

2 cucharadas de pepinillos encurtidos (opcional)

2–3 filetes de anchoa en aceite de oliva escurridos y picados finamente (opcional)

1 manojo de arúgula picada (opcional)

2 cucharadas de jugo de limón o vinagre de vino tinto

125 ml/4 fl oz de aceite de oliva extra virgen

sal y pimienta negra recién molida

tallos de menta, para decorar

verduras recién cocidas, para servir

Consejo del Chef

La salsa verde se puede preparar un día antes, conservándola en un contenedor perfectamente bien tapado. Antes de servir, deje que suba a temperatura ambiente y agite bien.

Paquetes de Pollo con Pasta y Calabacitas

1 15 minutos antes de cocinar, precaliente el horno a 200°C/400°F. Unte ligeramente la mitad del aceite sobre cuatro hojas de papel encerado. Suba al hervor agua ligeramente salada en una cacerola y cocine la pasta 10 minutos o hasta que esté "al dente". Escurra y reserve.

2 Caliente el resto del aceite en una sartén y fría la cebolla 2–3 minutos. Agregue el ajo y fría otro minuto. Agregue las calabacitas y cocine 1 minuto. Retire del fuego, Salpimente y agregue la mitad del orégano.

3 Coloque la pasta en cantidades iguales sobre las 4 hojas de papel. Agregue una cantidad similar de la mezcla de verduras y distribuya la cuarta parte de los tomates encima.

4 Haga cortes de 1 cm/½ in de profundidad en las pechugas. Acomode la carne sobre la pasta y salpique con el resto del orégano y el vino. Doble el papel por arriba y por los lados para crear una envoltura sellada.

5 Hornee 30–35 minutos o hasta que esté cocinado y sirva de inmediato.

INGREDIENTES
Rinde 4 porciones

2 cucharadas de aceite de oliva

125 g/4 oz de pasta farfalle

1 cebolla pelada y rebanada finamente

1 diente de ajo pelado y rebanado finamente

2 calabacitas medianas, desbastadas y rebanadas finamente

sal y pimienta negra recién molida

2 cucharadas de orégano recién picado

4 tomates bola, sin semillas y picado grueso

4 pechugas de 175 g/6 oz c/u, sin piel y deshuesadas

150 ml/¼ pt de vino blanco italiano

Consejo del Chef

Esta es una buena receta para agasajar visitas. Se preparan los paquetes con anterioridad y se hornean cuando se necesiten. Para una presentación más espectacular, sirva con el papel.

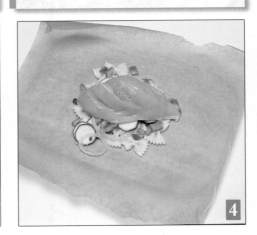

Pollo bajo Ladrillo

1 Enjuague y seque bien el pollo, por dentro y fuera. Con unas tijeras, corte por ambos lados de la espina dorsal y deséchela o úsela para el caldo. Acomode el pollo con la piel para arriba en una superficie de trabajo y presione con la palma de la mano para romper el esternón y aplanar el ave.

2 Acomode el pollo con la pechuga hacia arriba y, con un cuchillo, corte la piel entre el pecho y el muslo por ambos lados. Doble las piernas y pliéguelas dentro de los cortes. Empuje las alas hacia abajo para que el pollo quede lo más plano posible.

3 En una sartén pesada, caliente el aceite muy bien, pero no hasta el punto de humo. Coloque el pollo en la sartén, con la piel para abajo. Acomode una tapa o plato directamente sobre el pollo. Coloque un ladrillo (por eso el nombre) o algo que pese 2 kg/5 lb, sobre la tapa. Cocine 12–15 minutos, o hasta que esté dorado.

4 Retire los pesos, protegiéndose del calor. Voltee el pollo cuidadosamente con unas pinzas. Salpimente al gusto y agregue la tapa y el peso. Cocine 12–15 minutos más, hasta que el pollo quede tierno y sus jugos salgan libremente al picar el muslo con un tenedor.

5 Pase el pollo a un platón para servir y cubra ligeramente con papel de aluminio para mantener el calor. Deje reposar 10 minutos antes de trinchar. Decore con tallos de albahaca y sirva con la ensalada.

INGREDIENTES
Rinde 4–6 porciones

1.8 kg / 4 lb de pollo de corral alimentado con maíz
50 ml / 2 oz de aceite de oliva
sal de mar y pimienta negra recién molida

PARA DECORAR:

tallos de albahaca fresca
cebollín
hojas amargas de ensalada,
  para servir

Consejo Sabroso

En un recipiente grande, mezcle 1 cucharadita de mostaza de grano entero con 1 diente de ajo machacado, 2 cucharaditas de vinagre balsámico, sal y pimienta. Cuando quede bien combinado, mezcle con 3–4 cucharadas de aceite de oliva de buena calidad. Agregue y revuelva con una mezcla de hojas amargas, (por ejemplo, con cualquier miembro de la familia de las achicorias). Sirva con el pollo.

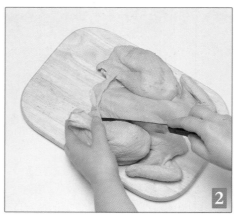

Pollo con Espárragos y Tagliatelle

1 Con el pelador de verduras, pele superficialmente los tallos de los espárragos y cocine en agua ligeramente salada 2–3 minutos o hasta que apenas queden tiernos. Escurra y páselos por agua fría. Corte en piezas de 4 cm/1½ in y reserve.

2 Derrita la mantequilla en una sartén grande. Agregue las cebollitas y el pollo y fría 4 minutos. Agregue el vermouth y reduzca hasta evaporarlo. Vierta la crema y la mitad del cebollín. Cocine a fuego suave 5–7 minutos, hasta que la salsa esté espesa y ligeramente reducida, y el pollo esté tierno.

3 En una cacerola grande, suba al hervor agua ligeramente salada. Cocine los tagliatelle 4–5 minutos o hasta que estén "al dente". Escurra y agregue inmediatamente a la salsa de pollo.

4 Con pinzas para spaghetti o tenedores de cocina, revuelva suavemente la salsa con la pasta hasta combinar bien. Agregue el resto del cebollín y el parmesano y mezcle suavemente. Decore con cebollín picado y sirva de inmediato con más parmesano, si lo desea.

INGREDIENTES
Rinde 4 porciones

275 g/10 oz de espárragos frescos

50 g/2 oz de mantequilla

4 cebollitas cambray desbastadas y picadas grueso

350 g/12 oz de pechuga de pollo, sin piel y deshuesada, en rebanadas delgadas

2 cucharadas de vermouth

300 ml/½ pt de crema doble

2 cucharadas de cebollín recién picado

400 g/14 oz de tagliatelle fresco

50 g/2 oz de queso parmesano o pecorino rallado

cebollín picado, para decorar

queso parmesano extra (opcional), para servir

Consejo Sabroso

La pasta recién hecha se cocina en 30–60 segundos. Está lista cuando sube a la superficie. La pasta fresca comprada tarda 2–3 minutos. La pasta seca tarda más (4–10 minutos), dependiendo de la variedad. Verifique las instrucciones en el paquete.

Faisán Marinado con Polenta a la Parrilla

1 Precaliente la parrilla justo antes de cocinar. Mezcle 2 cucharadas de aceite de oliva con el romero picado o la salvia, la canela y la ralladura de naranja. Salpimente al gusto.

2 Coloque las pechugas en un recipiente grande poco profundo, vierta el aceite y marine hasta que las necesite, volteando ocasionalmente.

3 Suba al hervor el agua con 1 cucharadita de sal en una cacerola pesada. Agregue batiendo lentamente la polenta en un chorro delgado y uniforme. Reduzca el fuego y hierva a fuego suave 5–10 minutos, revolviendo continuamente, hasta que quede muy espesa.

4 Agregue moviendo la mantequilla y el queso a la polenta. Agregue el perejil y un poco de pimienta negra.

5 Distribuya la polenta en una cama uniforme de 2 cm/¾ in de grueso en un refractario de teflón ligeramente enaceitado. Deje enfriar y refrigere 1 hora o hasta que quede bien frío.

6 Pase la polenta a una superficie de trabajo. Corte en cuadros de 10 cm/4 in. Barnice con aceite y acomode sobre una charola para asar. Ase 2–3 minutos de cada lado o hasta que queden crujientes y dorados. Corte cada cuadro en triángulos y manténgalos calientes.

7 Acomode las pechugas en el asador precalentado y ase durantepor 5 minutos o hasta que queden crujientes y tomen color. Voltee una vez. Sirva inmediatamente con la polenta y la ensalada.

INGREDIENTES
Rinde 4 porciones

3 cucharadas de aceite de oliva extra virgen
1 cucharada de hojas de romero o de salvia recién picadas
½ cucharadita de canela molida
la cáscara de 1 naranja rallada
sal y pimienta negra recién molida
8 pechugas de faisán u otra ave de caza
600 ml/1 pt de agua
125 g/4 oz de harina preparada para polenta al instante
2 cucharadas de mantequilla en cubos
40 g/1½ oz de queso parmesano rallado
1–2 cucharadas de perejil recién picado
hojas de ensalada mixtas, para servir

Consejo Sabroso

Caliente una sartén aparrillada y coloque las pechugas de ave de caza con la piel para abajo. Ase 2–3 minutos. Voltee las pechugas y ase 2 minutos más para término medio o 3–4 minutos más, si las prefiere bien cocidas.

Publicado en 2003 por Advanced Marketing,
S. de R.L. de C.V. Bajo el sello Degustis

Publicado por primera vez en 2003
© 2003 The Foundry

© 2003 Advanced Marketing, S. de R.L. de C.V.
Aztecas # 33 Col. Sta. Cruz Acatlán
Naucalpan, C.P. 53150
Estado de México
México

ISBN: 970-718-070-6

01 02 03 04 05   03 04 05 06 07

Impreso en China

RECONOCIMIENTOS:
Autores: Catherine Atkinson, Juliet Barker, Gina Steer,
Vicki Smallwood, Carol Tennant, Mari Mererid Williams y
Elizabeth Wolf-Cohen y Simone Wright
Asesora editorial: Gina Steer
Editora del proyecto: Karen Fitzpatrick
Fotografía: Colin Bowling, Paul Forrester y Stephen Brayne
Economistas Domésticas y productoras gastronómicas:
Jacqueline Bellefontaine, Mandy Phipps, Vicki Smallwood y
Penny Stephens
Equipo de diseño: Helen Courtney, Jennifer Bishop,
Lucy Bradbury y Chris Herbert

Todos los accesorios fueron proporcionados por
Barbara Stewart, de Surfaces.
Traducción: Concepción O. De Jourdain, Laura Cordera L.

NOTA
Los bebés, personas de edad avanzada, mujeres embarazadas y
cualquier persona que padezca alguna enfermedad deben
evitar los platillos preparados con huevos crudos.

Un agradecimiento especial a todos los involucrados en la
publicación de este libro, particularmente a Karen Fitzpatrick y
Gina Steer.